Matemáticas 4º ESO
9. Funciones trigonométricas

José Rodolfo Das López

Matemáticas 4º ESO - 9. Funciones trigonométricas
© José Rodolfo Das López, 2018.
Correo Electrónico: `jose.das@jrdas.org`
Diseño portada y contraportada: Claudia Escribano Máñez
Edita: Sección del IES Fernando III de Ayora en Jalance

ISBN: 978-84-17613-09-9
Depósito Legal: V-1622-2018
1ª edición: Junio, 2018

Índice

Índice	**3**
1 Radianes y grados sexagesimales	**5**
2 Circunferencia goniométrica	**11**
3 Razones trigonométricas de un ángulo	**19**
4 Cálculo de las razones a partir de una dada	**21**
5 Relación entre razones trigonométricas de ángulos tipo	**37**
Soluciones	**53**

Aunque los griegos habían estudiado las relaciones entre los ángulos y los lados de un triángulo, es muy probable que la definición actual de seno y coseno de un ángulo se deba a la matemática hindú. Al igual que ocurrió con el sistema decimal de numeración posicional adoptado en la India, fueron los árabes los que difundieron la trigonometría hindú en la matemática occidental. Las sucesivas traducciones de una lengua a otra provocaron una anécdota curiosa: cómo se terminó denominando seno a lo que inicialmente se había llamado cuerda. Los matemáticos hindúes llamaron *jya* (cuerda) a la relación entre el cateto opuesto a un ángulo y la hipotenusa; los árabes tradujeron este término por *jiba*, y cuando esta palabra tuvo que traducirle al latín, se confundió con *jaib*, probablemente debido a que, a veces, en árabe se omiten las vocales. La palabra *jaib* significa "bahía" y fue traducida al latín por *sinus*, que tiene ese mismo significado.

1 Radianes y grados sexagesimales

El radián es la unidad de ángulo plano en el Sistema Internacional de Unidades. Su símbolo es **rad**. Hasta 1995 tuvo la categoría de unidad suplementaria en el Sistema Internacional de Unidades, junto con el estereorradián (El estereorradián es la unidad derivada del SI que mide ángulos sólidos. Es el equivalente tridimensional del radián. Su símbolo es **sr** y no lo veremos este año). A partir de ese año, y hasta el momento presente, ambas unidades figuran en la categoría de unidades derivadas.

Un radián es la medida de un ángulo cuyo vértice es el centro de una circunferencia y que determina un arco que mide lo mismo que el radio. Se representa por 1 rad.

Longitud de un arco de circunferencia. Observa en el dibujo que se puede establecer la siguiente proporción:

$$\frac{\text{longitud del arco}}{\text{ángulo}} = \frac{\text{longitud de la circunferencia}}{360°}$$

Por tanto, para calcular la longitud del arco descrito por un ángulo α sólo hay que resolver

$$\frac{L}{\alpha} = \frac{2\pi r}{360°}$$

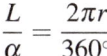

de donde

$$L = \frac{2\pi r \alpha}{360°}$$

La longitud, L, del arco de circunferencia que abarca un ángulo α es la siguiente: $L = \frac{2\pi r \alpha}{360°}$, si el ángulo mide 1 rad, $L = r$, entonces $r = \frac{2\pi r \cdot 1\text{rad}}{360°}$, eliminando los r, $1 = \frac{2\pi \cdot 1\text{rad}}{360°}$ y así, $1\text{rad} = \frac{360°}{2\pi} = \frac{180}{\pi}$.

Por lo tanto, la medida de un radián es independiente de la medida del radio de la circunferencia en la que se toma el ángulo central.

Observa que:

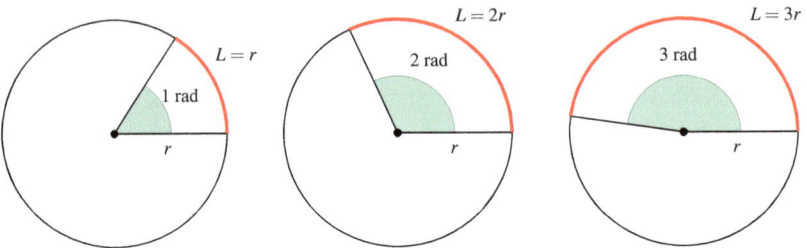

En general, la medida de un arco de circunferencia es igual a la medida del ángulo central, α, en radianes, multiplicada por el radio:

$$\boxed{L = \alpha r}$$

1.1. Equivalencia entre grados sexagesimales y radianes.

Los grados sexagesimales y los radianes son unidades de medida de ángulos, por lo que debe existir una relación entre ellos. Hemos visto que si un ángulo, α, mide 1 rad, se cumple lo siguiente:

$$1\,\text{rad} = \frac{180°}{\pi}, \text{ por lo que } \pi\,\text{rad} = 180°$$

Por lo tanto, para expresar en grados un ángulo dado en radianes, se multiplica la medida por 180 y se divide entre π. Inversamente, para expresar en radianes un ángulo dado en grados, se multiplica por π y se divide entre 180; así, $1° = \frac{\pi}{180°}\,\text{rad}$.

Medida en radianes Cuando una medida dada en grados se expresa en radianes, es habitual dejar el resultado en función de π. De esta forma se da el valor exacto de esa medida:

Ejercicio resuelto 1.1

Calcula el valor en radianes de un ángulo de 30° y de otro de 40°

El valor exacto de 30° en radianes es

$$30° = 30° \cdot \frac{\pi}{180°} = \frac{\pi}{6}$$

Si queremos tomar el valor aproximado de esta expresión nos quedaríamos con $\frac{\pi}{6} = 0,52359\ldots\,\text{rad}$. Por otro lado, la medida en radianes de un ángulo de 40° es $40° = 40° \cdot \frac{\pi}{180°} = \frac{2\pi}{9}\,\text{rad}$.

Ejercicio resuelto 1.2

Transforma en grados un ángulo de 5 radianes.

La medida en grados de un ángulo de 5 rad es $5\,\text{rad} = 5 \cdot \frac{180°}{\pi} = \frac{900°}{\pi}$.

Ejercicios

1. Indica cuánto miden, en grados y en radianes:

    (a) Un ángulo recto =

(b) Un ángulo llano =

(c) Un ángulo completo =

2. Expresa en radianes las siguientes medidas de ángulos, dejando el resultado en función de π.

(a) $0° =$

(b) $20° =$

(c) $30° =$

(d) $40° =$

(e) $45° =$

(f) $60° =$

(g) $90° =$

(h) $110° =$

(i) $120° =$

(j) $135° =$

(k) $140° =$

(l) $150° =$

(m) $175° =$

(n) $180° =$

(ñ) $200° =$

(o) $210° =$

(p) $225° =$

(q) $240° =$

(r) $245° =$

(s) $270° =$

(t) $300° =$

(u) $315° =$

(v) $330° =$

(w) $360° =$

3. Pon en radianes el valor aproximado de un grado.

4. Expresa en grados el valor aproximado de un radián.

5. Ordena de menor a mayor cada una de las siguientes medidas: 2,5 rad; 50°; 120° y $\frac{\pi}{5}$ rad

6. Expresa las siguientes medidas de ángulos en grados:

(a) $\frac{\pi}{5}$ rad =

(b) $\frac{3\pi}{2}$ rad =

(c) 12 rad =

(d) $\frac{5\pi}{3}$ rad =

(e) 0,8 rad =

(f) 3 rad =

(g) 12π rad =

(h) $\frac{8\pi}{4}$ rad =

(i) 3,8 rad =

(j) $\frac{3\pi}{7}$ rad =

(k) $\frac{\pi}{3}$ rad =

(l) $\frac{\pi}{4}$ rad =

(m) $\frac{\pi}{6}$ rad =

(n) $\frac{2\pi}{3}$ rad =

(ñ) $\frac{3\pi}{2}$ rad =

(o) $\frac{3\pi}{4}$ rad =

(p) $\frac{5\pi}{3}$ rad =

(q) $\frac{8\pi}{6}$ rad =

7. Mide los siguientes ángulos y expresa cada medida en grados y en radianes:

(a)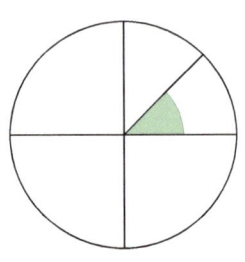

(c)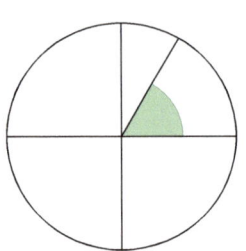

(e)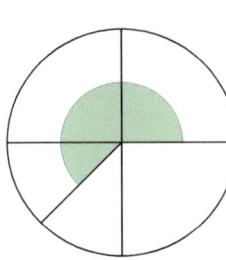

(b)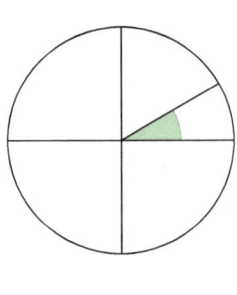

(d)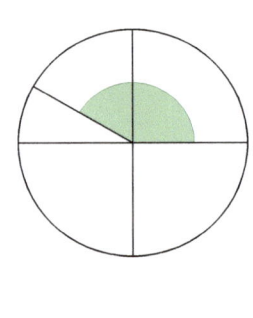

(f)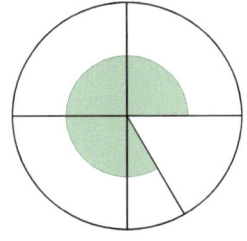

8. Halla las medidas de los arcos abarcados por los ángulos centrales indicados:

   (a) Un ángulo de $\frac{\pi}{3}$ rad en una circunferencia de radio 3,6 cm.

   (b) Un ángulo de 0,8 rad en una circunferencia de radio 12 cm.

   (c) Un ángulo de 1,5 rad en una circunferencia de 170,8 cm de radio.

   (d) Un ángulo de $3,8\pi$ rad en una circunferencia de radio 3 cm.

(e) Un ángulo de 27° en una circunferencia de 6 cm de radio.

(f) Un ángulo de 108° en una circunferencia de 3,5 cm de radio.

9. Sabiendo que $a = 65°22'45"$ y $b = 0,6$ rad, realiza las siguientes operaciones:

    (a) $a+b$

    (b) $2a-3b$

    (c) $2a$

    (d) $\frac{b}{5}$

10. Calcula mentalmente el valor, dado en grados o en radianes, según proceda, de las siguientes medidas:

    (a) $\frac{\pi}{2}$ rad =

    (b) $\frac{\pi}{4}$ rad =

    (c) $60° =$

    (d) $240° =$

    (e) π rad =

    (f) $\frac{3\pi}{4}$ rad =

    (g) $120° =$

    (h) $300° =$

    (i) $\frac{3\pi}{2}$ rad =

    (j) $\frac{5\pi}{4}$ rad =

    (k) $150° =$

    (l) $330° =$

    (m) 2π rad =

    (n) $\frac{6\pi}{4}$ rad =

    (ñ) $210° =$

    (o) $360° =$

    (p) $45° =$

    (q) $70° =$

    (r) 2 rad =

    (s) $\frac{\pi}{5}$ rad =

11. Expresa en radianes los siguientes ángulos, y redondea el resultado a las milésimas:

    (a) $100° =$

    (b) $58,327° =$

    (c) $85,23° =$

    (d) $22° =$

    (e) $172°30' =$

    (f) $2°10'03" =$

    (g) $315° =$

    (h) $300°20'10" =$

    (i) $97° =$

12. Expresa en grados cada uno de los siguientes ángulos. Escribe el resultado en forma decimal y en forma compleja.

    (a) 6 rad =

    (b) $\frac{3\pi}{5}$ rad =

    (c) 0,3 rad =

    (d) 8π rad =

    (e) $\frac{3\pi}{8}$ rad =

    (f) 5,4 rad =

    (g) 2 rad =

    (h) $\frac{5}{3}$ rad =

    (i) $\frac{7\pi}{6}$ rad =

13. Expresa en grados y en radianes la medida de los ángulos centrales de cada uno de los siguientes polígonos regulares:

    (a) Triángulo.

    (b) Pentágono.

    (c) Cuadrado.

    (d) Hexágono.

14. Dada una circunferencia de 5 cm de radio, calcula la medida de los arcos correspondientes a los siguientes ángulos

    (a) $\frac{2\pi}{3}$ rad

    (b) 16 rad

    (c) $\frac{7\pi}{2}$ rad

    (d) $\frac{4}{3}$ rad

    (e) 5,4 rad

    (f) 2π rad

15. Pintamos un punto en la rueda de una bicicleta de 40 cm de radio, que gira a una velocidad de 10° por segundo. Halla la longitud del arco de circunferencia recorrido en un minuto por ese punto.

16. En una circunferencia de 3 cm de radio, calcula el ángulo correspondiente a cada uno de los siguientes arcos. Expresa la medida en grados.

    (a) 5 cm   (b) 3 cm   (c) 10 cm

17. Si $\alpha = 52°23'42''$ y $\beta = \frac{6\pi}{5}$ rad, utiliza la calculadora para hallar:

    (a) $\alpha + \beta$

    (b) $5\beta - 2\alpha$

    (c) $\frac{\alpha}{2} + \frac{\beta}{3}$

    (d) $90° - \alpha + \beta - \frac{2\pi}{3}$

2   Circunferencia goniométrica

Una circunferencia goniométrica es una circunferencia cuyo radio mide una unidad y cuyo centro es el origen de un sistema de coordenadas cartesianas.

2.1. Ángulos en la circunferencia goniométrica.

Para representar un ángulo en la circunferencia goniométrica:

1. Se toma como vértice el origen de coordenadas.
2. Se dibuja un lado, que llamaremos origen, sobre el semieje positivo de abscisas.

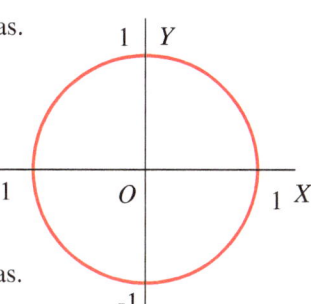

3. A partir del lado origen se traza el otro lado, que llamaremos extremo, midiendo el ángulo en sentido contrario al de las agujas del reloj si el ángulo es positivo, y en el otro sentido, si es negativo.

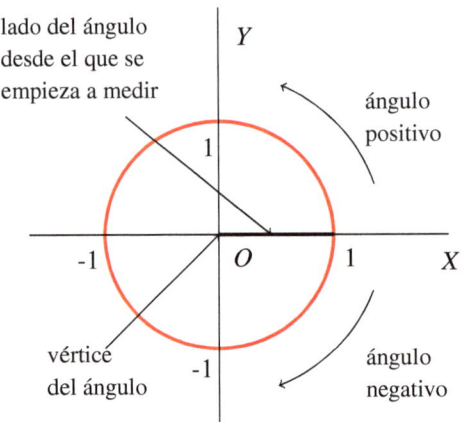

Ejercicio resuelto 2.1

Representa gráficamente los ángulos positivos $60°$ y $\frac{\pi}{6}$ rad y los negativos $-60°$ y $-\frac{\pi}{6}$ rad

- Ángulos positivos.

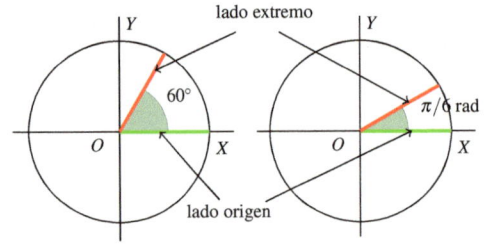

- Ángulos negativos

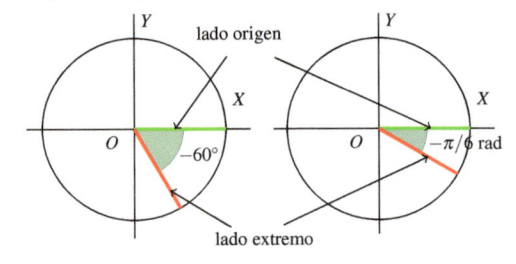

2.2. Reducción de ángulos al primer giro.

Se pueden presentar estos casos dependiendo de la medida del ángulo:

- Si es mayor de $360°$ se puede expresar como la suma de un múltiplo de $360°$ y de un ángulo positivo menor que $360°$.

- Si es menor de $-360°$ se puede expresar como la suma de un múltiplo de $-360°$ y de un ángulo negativo mayor de $-360°$.

Ejercicio resuelto 2.2

Representa gráficamente los ángulos $1150°$ y $-980°$

- $1150° = 3 \cdot 360° + 70°$

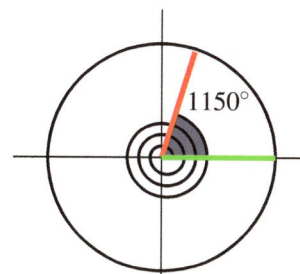

- $-980° = 2 \cdot (-360°) + (-260°)$

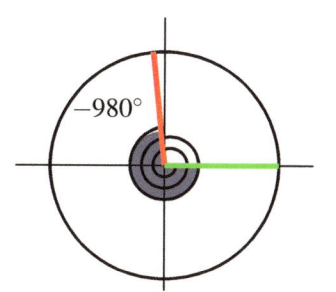

2.3. Ángulos y cuadrantes.

La intersección del lado extremo de un ángulo, α, con la circunferencia goniométrica determina un punto, P. El cuadrante al que pertenece el punto P define el cuadrante al que pertenece el ángulo α.

- $\alpha \in$ I cuadrante:

  $0° < \alpha < 90°$

  $0 \text{ rad} < \alpha < \dfrac{\pi}{2} \text{ rad}$

- $\alpha \in$ III cuadrante:

  $180° < \alpha < 270°$

  $\pi \text{ rad} < \alpha < \dfrac{3\pi}{2} \text{ rad}$

  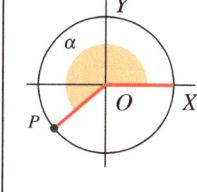

- $\alpha \in$ II cuadrante:

  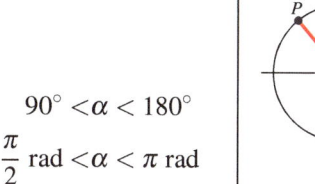

  $90° < \alpha < 180°$

  $\dfrac{\pi}{2} \text{ rad} < \alpha < \pi \text{ rad}$

- $\alpha \in$ IV cuadrante:

  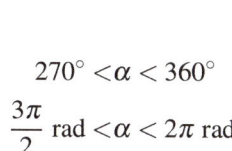

  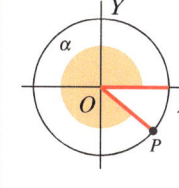

  $270° < \alpha < 360°$

  $\dfrac{3\pi}{2} \text{ rad} < \alpha < 2\pi \text{ rad}$

Ejercicios

18. Reduce cada uno de los siguientes ángulos al primer giro e indica el cuadrante al que pertenece:

    (a) $903°$

    (b) $1710°$

    (c) $2360°$

    (d) $415°$

    (e) $1180°$

    (f) $7360°$

(g) $-858°$

(h) $-1085°$

(i) $-1331°$

(j) $-660°$

(k) $-2000°$

(l) $-715°$

19. Representa en la circunferencia goniométrica los siguientes ángulos:

    (a) $0°$

    (b) $90°$

    (c) 0 rad

    (d) $\frac{\pi}{2}$ rad

    (e) π rad

    (f) $270°$

    (g) $\frac{3\pi}{2}$ rad

    (h) $180°$

    (i) $360°$

    (j) $\frac{\pi}{4}$ rad

20. Representa en la circunferencia goniométrica un ángulo agudo, α. Después, traza cada uno de los siguientes ángulos:

   (a) $\pi - \alpha$

   (b) $2\pi - \alpha$

   (c) $\frac{3\pi}{2} - \alpha$

   (d) 2α

   (e) $\frac{\pi}{2} + \alpha$

21. Indica en cada caso la medida del ángulo α:

   (a)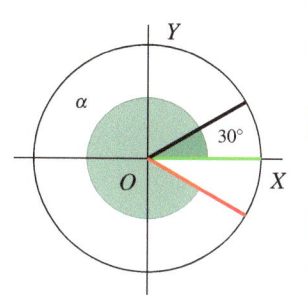

   (b)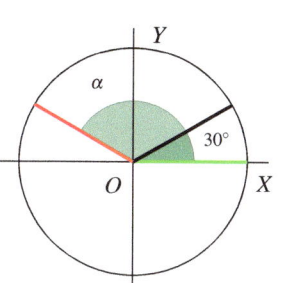

   (c)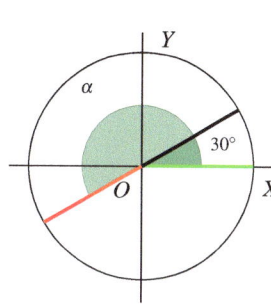

22. Determina, mentalmente, el cuadrante al que pertenecen los siguientes ángulos:

    (a) $\frac{5\pi}{4}$ rad

    (b) $-\frac{5\pi}{4}$ rad

    (c) $138°$

    (d) $\frac{2\pi}{3}$ rad

    (e) $180°20'$

    (f) $-138°$

    (g) $-\frac{2\pi}{3}$ rad

    (h) $-180°20'$

    (i) $269°59'$

    (j) $53°$

    (k) $135°$

    (l) $180,3°$

    (m) $\frac{4\pi}{5}$ rad

    (n) $\frac{2\pi}{5}$ rad

    (ñ) $\frac{6\pi}{3}$ rad

    (o) $-160°$

    (p) $-45°$

    (q) $-315°$

23. Si α es un ángulo del I cuadrante, ¿a qué cuadrante pertenecen cada uno de los siguientes ángulos?

    (a) $\pi - \alpha$

    (b) $\pi + \alpha$

    (c) $\frac{3\pi}{2} + \alpha$

    (d) $\frac{\pi}{2} + \alpha$

24. Reduce estos ángulos al primer giro e indica el cuadrante al que pertenece cada uno:

    (a) $1150°$

    (b) $370°$

    (c) $850°$

    (d) $\frac{10\pi}{3}$ rad

(e) $\frac{7\pi}{2}$ rad

(f) $\frac{13\pi}{5}$ rad

25. Representa los siguientes ángulos en una circunferencia goniométrica:

(a) 180°

(b) 120°

(c) 315°

(d) 270°

(e) 60°

(f) 90°

(g) 80°

(h) 250°

(i) 360°

(j) 100°

(k) $36°$

(l) π rad

(m) 2π rad

(n) 0 rad

(ñ) $\frac{\pi}{4}$ rad

(o) $\frac{\pi}{2}$ rad

(p) $\frac{3\pi}{2}$ rad

(q) $\frac{\pi}{3}$ rad

26. Expresa los siguientes ángulos como suma de un número entero de vueltas y un ángulo menor de 360 grados, e indica el cuadrante al que pertenecen.

(a) $500°$

(b) $2389°$

(c) $\frac{17\pi}{6}$ rad

(d) $\frac{32\pi}{5}$ rad

27. Señala a qué cuadrante pertenecen los siguientes ángulos negativos.

(a) $-45°$

(b) $-200°$

(c) $-390°$

(d) $-580°$

(e) $-120°$

(f) $-320°$

(g) $-456°$

(h) $-640°$

3 Razones trigonométricas de un ángulo

Consideremos el punto P determinado por la intersección del lado extremo de un ángulo, α, con la circunferencia goniométrica. Las coordenadas de $P(x,y)$ definen las razones trigonométricas de α:

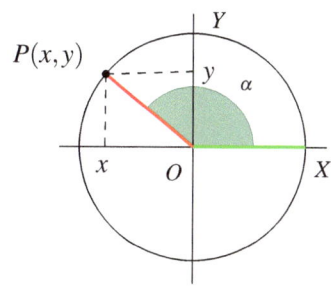

$$\sin \alpha = y$$
$$\cos \alpha = x$$
$$\tan \alpha = \frac{y}{x}$$

Si $\sin \neq 0$, $\cos \alpha \neq 0$ y $\tan \alpha \neq 0$, se pueden definir, respectivamente, razones inversas:

$$\csc \alpha = \frac{1}{y} \qquad \sec \alpha = \frac{1}{x} \qquad \cot \alpha = \frac{x}{y}$$

3.1. Signos de las razones trigonométricas

Cuadrante	Cuadrante I	Cuadrante II	Cuadrante III	Cuadrante IV
$\sin \alpha$	positivo	positivo	negativo	negativo
$\cos \alpha$	positivo	negativo	negativo	positivo
$\tan \alpha$	positiva	negativa	positiva	negativa

3.2. Propiedades de las razones trigonométricas

- $-1 \leq \sin \alpha \leq 1$; $-1 \leq \cos \alpha \leq 1$.

    Observa que, si el radio de la circunferencia goniométrica es igual a 1, el menor valor que puede tomar la abscisa o la ordenada de cualquier punto, P, de dicha circunferencia es -1, y el mayor es 1. Por lo tanto, el seno y el coseno de cualquier ángulo pertenecen al intervalo $[-1,1]$.

- $\sin^2 \alpha + \cos^2 \alpha = 1$

    Para cualquier punto, P, se cumple: $x^2 + y^2 = 1$ que es lo mismo que $\sin^2 \alpha + \cos^2 \alpha = 1$.

- $\tan \alpha = \frac{\sin \alpha}{\cos \alpha}$

    Según la definición de las razones trigonométricas:

    $$\frac{\sin \alpha}{\cos \alpha} = \frac{y}{x} = \tan \alpha$$

- $\sec^2 \alpha = 1 + \tan^2 \alpha$

    Partimos de la relación trigonométrica fundamental:

    $$\sin^2 \alpha + \cos^2 \alpha = 1$$

    dividiendo todo por $\cos^2 \alpha$,

    $$\frac{\sin^2 \alpha}{\cos^2 \alpha} + \frac{\cos^2 \alpha}{\cos^2 \alpha} = \frac{1}{\cos^2 \alpha}$$

    de donde

    $$\tan^2 \alpha + 1 = \sec^2 \alpha$$

Nota: Si un ángulo es agudo, las definiciones de las razones trigonométricas que se dan en esta página coinciden con las dadas en la unidad anterior.

Consideremos el siguiente triángulo rectángulo:

$$\sin \alpha = \frac{\text{cateto opuesto}}{\text{hipotenusa}} = \frac{y}{1} = y$$

$$\cos \alpha = \frac{\text{cateto adyacente}}{\text{hipotenusa}} = \frac{x}{1} = x$$

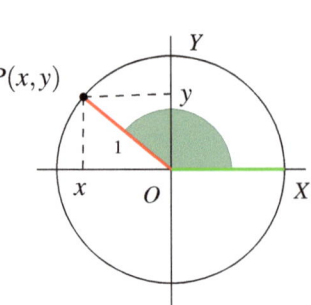

Nota: Consideremos ángulos positivos menores de 360°:

- Hay dos ángulos que tienen el mismo seno positivo: uno del primer cuadrante y otro del segundo. También hay dos que tienen el mismo seno negativo: uno del tercer cuadrante y otro del cuarto.

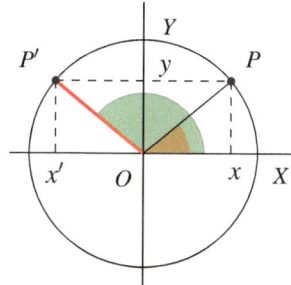 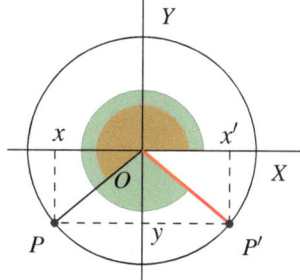

- Hay dos ángulos que tienen el mismo coseno positivo: uno del primer cuadrante y otro del cuarto. También hay dos que tienen el mismo coseno negativo: uno del segundo cuadrante y otro del tercero.

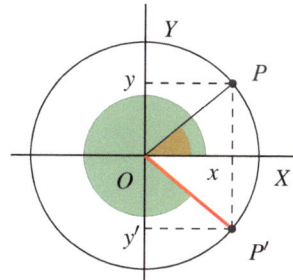 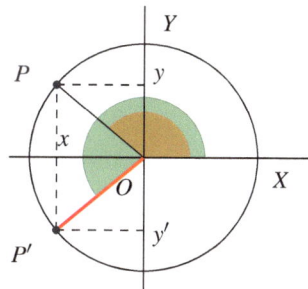

4 Cálculo de las razones a partir de una dada

A partir de una de las razones trigonométricas de un ángulo de cuadrante conocido, se pueden hallar las restantes, teniendo en cuenta estas igualdades:

$$\sin^2\alpha + \cos^2\alpha = 1 \qquad \tan\alpha = \frac{\sin\alpha}{\cos\alpha} \qquad \sec^2\alpha = 1 + \tan^2\alpha$$

Si es necesario calcular una raíz cuadrada, habrá que tener en cuenta el cuadrante al que pertenece el ángulo para elegir el signo de la raíz.

Ejercicio resuelto 4.1

El coseno de un ángulo, α, del IV cuadrante es $0,8$. Calcula las restantes razones trigonométricas.

Para calcular las demás razones, se procede de esta manera: A partir de la relación fundamental, sustituimos $\cos\alpha = 0,8$,

$$\sin^2\alpha + 0,8^2 = \sin^2\alpha + 0,64 = 1$$

despejando

$$\sin^2\alpha = 1 - 0,64 = 0,36$$

y, finalmente, $\sin\alpha = \pm\sqrt{0,36} = \pm 0,6$. Como $\alpha \in$ IV cuadrante, su seno es negativo y, por tanto $\sin\alpha = -0,6$. Para calcular la tangente, calculamos el cociente entre el seno y coseno

$$\tan\alpha = \frac{-0,6}{0,8} = -0,75$$

Las demás razones se calculan hallando las inversas de las anteriores:

$$\csc\alpha = -1,\widehat{6} \qquad \sec\alpha = \frac{1}{0,8} = 1,25 \qquad \cot\alpha = -1,\widehat{3}$$

Ejercicios

28. Halla las razones de los ángulos que determinan en la circunferencia goniométrica estos puntos:

    (a) $P\left(\frac{3}{5}, \frac{4}{5}\right)$

    (b) $P(-0,6, 0,8)$

    (c) $P\left(-\frac{1}{3}, -\frac{2\sqrt{2}}{3}\right)$

    (d) $P\left(\frac{3}{4}, \frac{\sqrt{7}}{4}\right)$

    (e) $P\left(\frac{1}{2}, -\frac{\sqrt{3}}{2}\right)$

    (f) $P\left(\frac{4}{5}, -\frac{3}{5}\right)$

29. Determina el signo de estas razones trigonométricas. Comprueba tus respuestas con la calculadora.

    (a) $\sin 20°$

    (b) $\sin 210°$

    (c) $\cos(-260°)$

    (d) $\tan 185°$

    (e) $\tan 110°$

    (f) $\tan(-280°)$

(g) $\cos 350°$ | (h) $\sin 170°$ | (i) $\cos(-78°)$

30. Determina el signo de las siguientes razones trigonométricas. Compruébalo con la calculadora.

    (a) $\tan \frac{4\pi}{3}$ rad | (c) $\tan \frac{5\pi}{3}$ rad | (e) $\sin\left(-\frac{\pi}{8}\right)$ rad

    (b) $\cos \frac{3\pi}{4}$ rad | (d) $\sin \frac{\pi}{5}$ rad | (f) $\cos\left(-\frac{6\pi}{5}\right)$ rad

31. Calcula en cada caso las demás razones de α:

    (a) $\sin \alpha = 0,6$ si $0° < \alpha < 90°$ | (e) $\sin \alpha = -\frac{1}{5}$ si π rad $< \alpha < \frac{3\pi}{2}$ rad

    (b) $\cos \alpha = -0,8$ si $\alpha \in$ II cuadrante | (f) $\cos \alpha = \frac{2}{3}$ si $\frac{3\pi}{2}$ rad $< \alpha < 2\pi$ rad

    (c) $\tan \alpha = 4$ si $180° < \alpha < 270°$ | (g) $\cot \alpha = -5$ si $\alpha \in$ IV cuadrante

    (d) $\sec \alpha = 2$ si $\alpha \in$ IV cuadrante | (h) $\csc \alpha = 2$ si $\frac{\pi}{2}$ rad $< \alpha < \pi$ rad

32. Indica, en grados y en radianes, la medida de los ángulos para los que no es posible definir alguna de las razones trigonométricas inversas.

33. Si $\sec \alpha = 3$, ¿a qué cuadrante pertenece α?

34. Utiliza la calculadora para hallar el ángulo α, si $0° < \alpha < 360°$, que verifica las igualdades:

(a) $\cos \alpha = \frac{3}{4}$

(b) $\sin \alpha = -\frac{1}{5}$

(c) $\tan \alpha = \frac{7}{3}$

(d) $\cos \alpha = -0,5$

(e) $\cos \alpha = -0,1$

(f) $\sin \alpha = 0,7$

(g) $\sin \alpha = -0,29$

(h) $\cos \alpha = 0,96$

(i) $\tan \alpha = 2,7$

(j) $\sin \alpha = 0,35$

(k) $\tan \alpha = -4,3$

(l) $\cos \alpha = -0,17$

35. Indica el signo de las siguientes razones. Después utiliza la calculadora para hallar su valor.

    (a) $\sin 95°$

    (b) $\cos 1$ rad

    (c) $\tan 105°$

    (d) $\csc 2,5$ rad

    (e) $\sec 212°$

    (f) $\cot 4$ rad

    (g) $\tan 300°$

    (h) $\sin 1,8\pi$ rad

    (i) $\cos 0,8\pi$ rad

    (j) $\sin(-65°)$

    (k) $\cos(-108°)$

    (l) $\tan 950°$

36. Calcula las demás razones trigonométricas de cada ángulo. Después utiliza la calculadora para hallar el ángulo, α, que verifica la condición indicada.

    (a) $\cos\alpha = 0,3$, $\alpha \in$ I cuadrante

    (b) $\sin\alpha = \frac{2}{7}$, $\alpha \in$ II cuadrante

    (c) $\tan\alpha = 2$, $\alpha \in$ III cuadrante

37. Indica en qué cuadrantes son positivas cada una de las siguientes razones:

    (a) $\sin\alpha$

    (b) $\cos\alpha$

    (c) $\tan\alpha$

38. Halla la medida de todos los ángulos α menores de 360° que tiene cada una de las siguientes razones:

(a) $\sin \alpha = 0$

(b) $\sin \alpha = 1$

(c) $\sin \alpha = -1$

(d) $\cos \alpha = 0$

(e) $\cos \alpha = 1$

(f) $\cos \alpha = -1$

(g) $\tan \alpha = 0$

(h) $\tan \alpha = 1$

(i) $\tan \alpha = -1$

(j) $\sin \alpha = -\frac{1}{2}$

(k) $\tan \alpha = \frac{\sqrt{3}}{3}$

(l) $\cos \alpha = -\frac{\sqrt{3}}{2}$

(m) $\cos \alpha = -\frac{1}{2}$

(n) $\cos \alpha = \frac{\sqrt{2}}{2}$

(ñ) $\tan \alpha = -\frac{\sqrt{3}}{3}$

(o) $\sin \alpha = \frac{\sqrt{3}}{2}$

(p) $\tan \alpha = \sqrt{3}$

(q) $\sin \alpha = -\frac{\sqrt{2}}{2}$

39. ¿Qué valores de α, si $\alpha \leq 360°$, verifican cada una de las siguientes igualdades?

   (a) $\sin \alpha = \cos \alpha$

   (b) $\tan \alpha = \cot \alpha$

   (c) $\sin \alpha = -\cos \alpha$

   (d) $\tan \alpha = -\cot \alpha$

40. Responde a las siguientes preguntas de forma razonada.

   (a) ¿Puede el coseno de un ángulo valer $\frac{3}{2}$?

   (b) ¿Puede el seno de un ángulo valer $\frac{5}{4}$?

   (c) ¿Puede la tangente de un ángulo agudo valer 500?

   (d) Si α está en el segundo cuadrante, ¿puede ser $\cos \alpha = \frac{1}{3}$? ¿Y $\sin \alpha = \frac{1}{3}$?

   (e) ¿Puede tener tangente positiva un ángulo que no sea del primer cuadrante?

41. Responde a las siguientes preguntas de forma razonada.

   (a) ¿Hay algún ángulo en el segundo cuadrante cuyo coseno sea positivo?

(b) ¿Hay algún ángulo del tercer cuadrante cuya tangente sea positiva?

(c) ¿A qué cuadrante pertenecen los ángulos que tienen cosenos positivos y tangentes negativas?

42. Calcula el resto de las razones trigonométricas de un ángulo α del que sabemos que:

    (a) Pertenece al segundo cuadrante y $\sin \alpha = \frac{48}{73}$

    (b) Pertenece al tercer cuadrante y $\tan \alpha = \sqrt{2}$.

43. Utiliza la calculadora para hallar el valor de:

    (a) $\sin 0,4564$ rad

    (b) $\cos 0,9995$ rad

    (c) $\tan \frac{3\pi}{5}$ rad

    (d) $\cos \frac{2\pi}{7}$ rad

    (e) $\tan 1,5$ rad

    (f) $\sin 1,25$ rad

44. Utiliza la calculadora para hallar el ángulo α. Expresa el resultado en grados y en radianes.

    (a) $\tan \alpha = 0,5095$

    (b) $\csc \alpha = 2$

(c) $\sin \alpha = 0,9063$

(d) $\sec \alpha = 2,669$

(e) $\cos \alpha = 0,6428$

(f) $\cot \alpha = 1$

45. Demuestra las siguientes igualdades trigonométricas.

(a) $\dfrac{1 + \frac{1}{\tan \alpha}}{\sin \alpha + \cos \alpha} = \dfrac{1}{\sin \alpha}$

(b) $\tan \alpha \cdot \tan \beta \left(\dfrac{1}{\tan \alpha} + \dfrac{1}{\tan \beta} \right) = \tan \alpha + \tan \beta$

46. Simplifica la siguiente expresión trigonométrica

$$(1 + \cos \alpha)(1 - \cos \alpha) + (1 - \sin \alpha)(1 + \sin \alpha)$$

47. Escribe en función de $\tan \alpha$ estas expresiones:

(a) $\dfrac{\sin^3 \alpha + \cos^2 \alpha \sin \alpha}{\cos \alpha}$

(b) $\dfrac{1 - \sin^2 \alpha}{\sin^2 \alpha}$

(c) $\left(\dfrac{\sin\alpha}{\cos\alpha} + \dfrac{\cos\alpha}{\sin\alpha}\right)\sin^2\alpha$

(d) $\dfrac{\cos^2\alpha + 1}{\cos^2\alpha}$

48. Comprueba que estas igualdades son identidades:

    (a) $\dfrac{(\sin\alpha + \cos\alpha)^2}{\sin\alpha} = \csc\alpha + 2\cos\alpha$

    (b) $\dfrac{\cos^2\alpha \cdot \sin\alpha + \sin^3\alpha}{\cos\alpha} = \tan\alpha$

49. Simplifica las siguientes expresiones:

    (a) $(1 + \tan^2\alpha)\cos^2\alpha$

    (b) $\sin\alpha(\sin\alpha + \cos\alpha)\cos\alpha - \cos\alpha\sin^2\alpha + \sin^3\alpha$

50. Expresa con una sola razón trigonométrica:

    (a) $\tan \alpha \cdot \cos \alpha$

    (b) $\sec \alpha \cdot \sin \alpha$

    (c) $\sec \alpha \cdot \cos^2 \alpha$

51. Demuestra las siguientes igualdades trigonométricas.

    (a) $1 + \dfrac{1}{\tan^2 \alpha} = \dfrac{1}{\sin^2 \alpha}$

    (b) $\tan^2 \alpha - \sin^2 \alpha = \sin^2 \alpha \cdot \tan^2 \alpha$

    (c) $\cos^2 \alpha - \sin^2 \alpha = 1 - 2\sin^2 \alpha$

(d) $\tan^2\alpha = \sin^2\alpha + \sin^2\alpha \cdot \tan^2\alpha$

52. Simplifica las siguientes expresiones trigonométricas.

    (a) $\cos\alpha + \dfrac{\sin\alpha}{\tan\alpha}$

    (b) $\dfrac{1-\cos\alpha}{\sin^2\alpha}$

53. Escribe el valor de las siguientes razones trigonométricas sin utilizar la calculadora:

    (a) $\sin\dfrac{\pi}{3}$ | (d) $\tan\dfrac{\pi}{4}$

    (b) $\cos\dfrac{\pi}{4}$ | (e) $\cot\dfrac{\pi}{6}$

    (c) $\csc\dfrac{\pi}{6}$ | (f) $\sec\dfrac{\pi}{3}$

54. Utiliza la calculadora para hallar el valor de:

   (a) $\cot \frac{5\pi}{3}$ rad

   (b) $\cos \frac{2\pi}{7}$ rad

   (c) $\sin 18°$

   (d) $\cos 415°$

   (e) $\sec \frac{5\pi}{3}$ rad

   (f) $\cot 1840°$

   (g) $\sin(-2\pi)$ rad

   (h) $\csc\left(-\frac{5\pi}{2}\right)$ rad

55. Utilizando la calculadora, halla las razones trigonométricas de los siguientes ángulos:

   (a) $\frac{\pi}{8}$ rad

   (b) $\frac{3\pi}{10}$ rad

56. Indica si estas afirmaciones son verdaderas o falsas:

   (a) El seno de un ángulo siempre es mayor que cero.

   (b) El valor absoluto del coseno de un ángulo siempre es menor que uno.

(c) Siempre es posible calcular la tangente de un ángulo.

(d) Es posible que la secante y la cosecante de un ángulo sean iguales.

57. Dibuja en la circunferencia goniométrica el ángulo, α, que cumple las siguientes condiciones:

    (a) $\alpha > 90°$ y $\sin\alpha = \frac{2}{3}$

    (b) $\alpha < 180°$ y $\cos\alpha = -\frac{1}{3}$

    (c) $\cos\alpha = \frac{4}{5}$ y $\tan\alpha > 0$

    (d) $\sin\alpha = -\frac{3}{5}$ y $\cos\alpha > 0$

58. Indica el cuadrante en el que se encuentra α:

    (a) $\sin\alpha = 0,3$ y $\cos\alpha = -0,95$

    (b) $\cos\alpha = 0,7$ y $\tan\alpha = -1,02$

    (c) $\sec\alpha = 1,11$ y $\cot\alpha = 2,073$

    (d) $\csc\alpha = 3,5$ y $\tan\alpha = 0,99$

59. Indica a qué cuadrantes puede pertenecer α:

    (a) $\tan\alpha = 2,6$

    (b) $\tan\alpha = -0,9$

    (c) $\cos\alpha = -0,58$

    (d) $\sin\alpha = -0,57$

    (e) $\sin\alpha = 0,87$

    (f) $\sec\alpha = 2,25$

60. Determina el signo de cada una de las siguientes razones trigonométricas. Comprueba tus respuestas en cada caso hallando la razón trigonométrica con la calculadora.

(a) $\cos 215°$

(b) $\sec 125°$

(c) $\csc 124°$

(d) $\sin 310°$

(e) $\cos 350°$

(f) $\tan 124°$

(g) $\tan 35°$

(h) $\cot 12°$

(i) $\sin 124°$

61. ¿En qué cuadrantes tienen el mismo signo el seno y el coseno de un ángulo? ¿Y el seno y la tangente? ¿Y la cotangente y el coseno?

62. Halla en cada caso el resto de las razones trigonométricas del ángulo α:

(a) $\tan \alpha = -2,14$ si $\alpha \in$ II cuadrante

(b) $\cos \alpha = 0,45$ si $270° < \alpha < 360°$

(c) $\sin \alpha = -0,28$ si π rad $< \alpha < \frac{3\pi}{2}$ rad

(d) $\tan \alpha = 2$ si $\alpha \in$ III cuadrante

(e) $\cos \alpha = -0,65$ si $90° < \alpha < 180°$

(f) $\sin \alpha = -0,32$ si $\frac{3\pi}{2}$ rad $< \alpha < 2\pi$ rad

(g) $\sec\alpha = -8,45$ si $\alpha \in$ III cuadrante

(h) $\csc\alpha = 3,4$ si $\frac{\pi}{2}$ rad $< \alpha < \pi$ rad

(i) $\cot\alpha = -1,6$ si $270° < \alpha < 360°$

63. Dos ángulos, α y β, pertenecientes al III cuadrante verifican que $\sin\alpha > \sin\beta$. Indica si las siguientes afirmaciones son verdaderas o falsas, o si no se puede asegurar nada:

    (a) $\alpha > \beta$

    (b) $\csc\alpha < \csc\beta$

    (c) $\cos\alpha < \cos\beta$

    (d) $\tan\alpha > \tan\beta$

5. Relación entre razones trigonométricas de ángulos tipo

5.1. Reducción de ángulos del tipo $90° - \alpha$ a α

Los ángulos α y $(90° - \alpha)$ se dice que son **complementarios**.

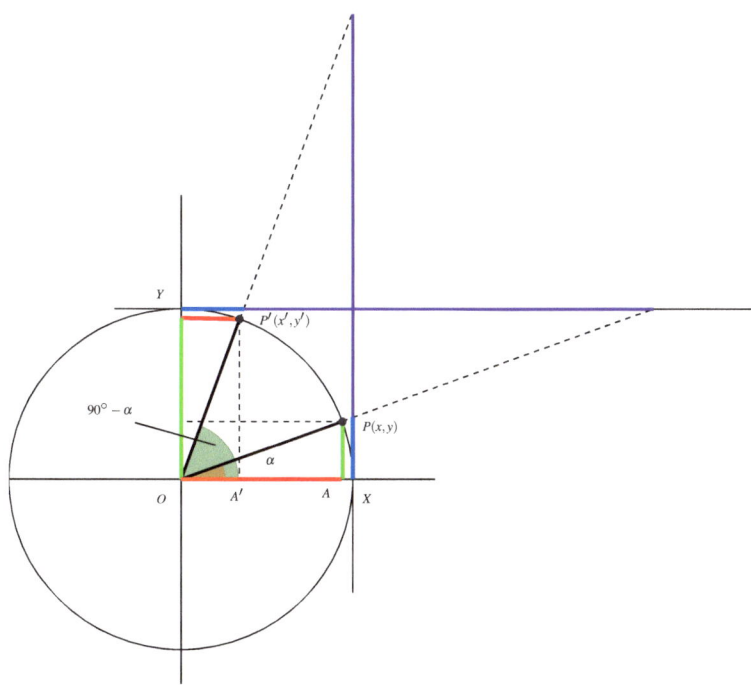

En la figura,

$$\sin \alpha = y \qquad \sin(90° - \alpha) = y'$$
$$\cos \alpha = x \qquad \cos(90° - \alpha) = x'$$

Los triángulos $\widehat{AOP}$ y $\widehat{A'OP'}$ son iguales, ya que:

- Los dos son triángulos rectángulos.
- $\widehat{OPA} = 90° - \alpha$, por lo que $\widehat{OPA} = \widehat{A'OP'}$
- $\overline{OP} = \overline{OP'} = 1$

Por tanto: $\overline{PA} = \overline{OA'}$, es decir $y = x$; y $\overline{OA} = \overline{PA'}$, luego $x = y'$. Con esto

$$\begin{cases} \sin(90° - \alpha) &= \cos \alpha \\ \cos(90° - \alpha) &= \sin \alpha \\ \tan(90° - \alpha) &= \cot \alpha \\ \csc(90° - \alpha) &= \sec \alpha \\ \sec(90° - \alpha) &= \csc \alpha \\ \cot(90° - \alpha) &= \tan \alpha \end{cases}$$

5.2. Reducción de ángulos del tipo $90° + \alpha$ a α

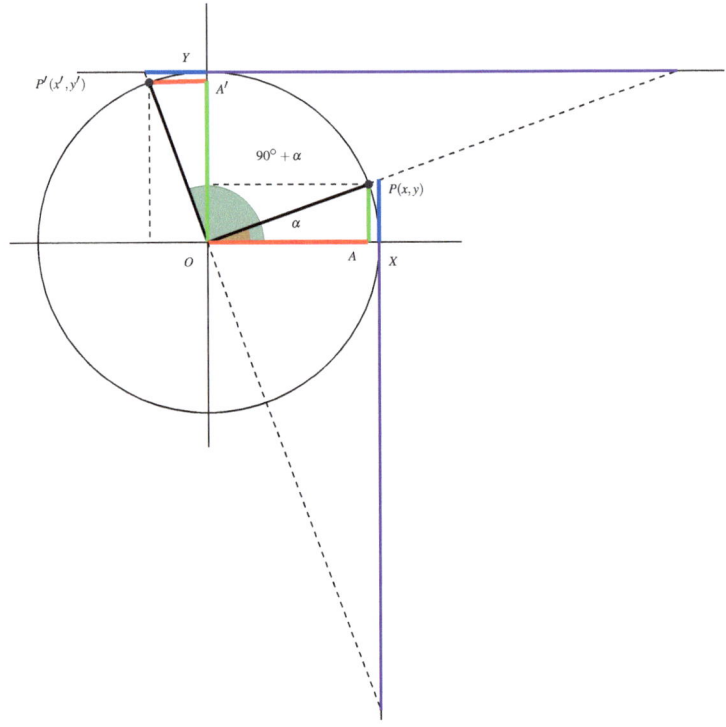

En la figura,

$$\sin \alpha = y \qquad \sin(90° + \alpha) = x'$$
$$\cos \alpha = x \qquad \cos(90° + \alpha) = y'$$

Los triángulos $\widehat{AOP}$ y $\widehat{OA'P'}$ son iguales, ya que:

- Los dos son triángulos rectángulos.
- $\widehat{A'OP'} = \alpha$, por lo que $\widehat{AOP} = \widehat{A'OP'}$
- $\overline{OP} = \overline{OP'} = 1$

Por tanto: $\overline{PA} = \overline{P'A'}$, es decir $y = -x'$; y $\overline{OA} = \overline{PA'}$, luego $x = y'$. Con esto

$$\begin{cases} \sin(90° + \alpha) &= \cos \alpha \\ \cos(90° + \alpha) &= -\sin \alpha \\ \tan(90° + \alpha) &= -\cot \alpha \\ \csc(90° + \alpha) &= \sec \alpha \\ \sec(90° + \alpha) &= -\csc \alpha \\ \cot(90° + \alpha) &= -\tan \alpha \end{cases}$$

5.3. Ángulos suplementarios. Reducción de ángulos del tipo $180° - \alpha$ a α

El suplementario del ángulo α es el ángulo $(180° - \alpha)$.

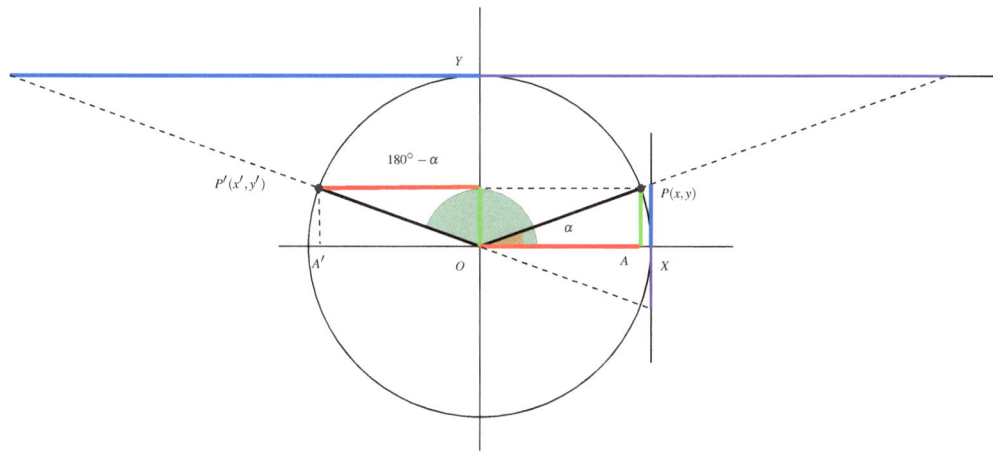

En la figura,

$$\sin \alpha = y \qquad\qquad \sin(180° - \alpha) = y'$$
$$\cos \alpha = x \qquad\qquad \cos(180° - \alpha) = x'$$

Los triángulos $\widehat{OAP}$ y $\widehat{OA'P'}$ son iguales, ya que:

- Los dos son triángulos rectángulos.

- $\widehat{A'OP'} = \alpha$, por lo que $\widehat{AOP} = \widehat{A'OP'}$

- $\overline{OP} = \overline{OP'} = 1$

Por tanto: $\overline{PA} = \overline{P'A'}$, es decir $y = y'$; y $\overline{OA} = \overline{OA'}$, luego $x = -x'$. Con esto

$$\begin{cases} \sin(180° - \alpha) &= \sin \alpha \\ \cos(180° - \alpha) &= -\cos \alpha \\ \tan(180° - \alpha) &= -\tan \alpha \\ \csc(180° - \alpha) &= \csc \alpha \\ \sec(180° - \alpha) &= -\sec \alpha \\ \cot(180° - \alpha) &= -\cot \alpha \end{cases}$$

5.4. Reducción de ángulos del tipo $180° + \alpha$ a α

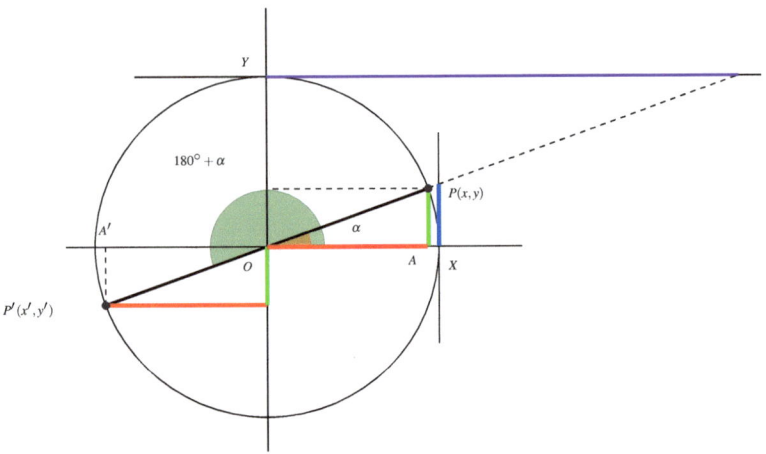

En la figura,

$$\sin \alpha = y \qquad \sin(180° + \alpha) = y'$$
$$\cos \alpha = x \qquad \cos(180° + \alpha) = x'$$

Los triángulos $\widehat{AOP}$ y $\widehat{A'OP'}$ son iguales, ya que:

- Los dos son triángulos rectángulos.

- $\widehat{AOP} = \widehat{A'OP'}$

- $\overline{OP} = \overline{OP'} = 1$

Por tanto: $\overline{OA} = \overline{OA'}$, es decir $x = -x'$; y $\overline{AP} = \overline{A'P'}$, luego $y = -y'$. Con esto

$$\begin{cases} \sin(180° + \alpha) &= -\sin \alpha \\ \cos(180° + \alpha) &= -\cos \alpha \\ \tan(180° + \alpha) &= \tan \alpha \\ \csc(180° + \alpha) &= -\csc \alpha \\ \sec(180° + \alpha) &= -\sec \alpha \\ \cot(180° + \alpha) &= \cot \alpha \end{cases}$$

5.5. Reducción de ángulos del tipo $270° - \alpha$ a α

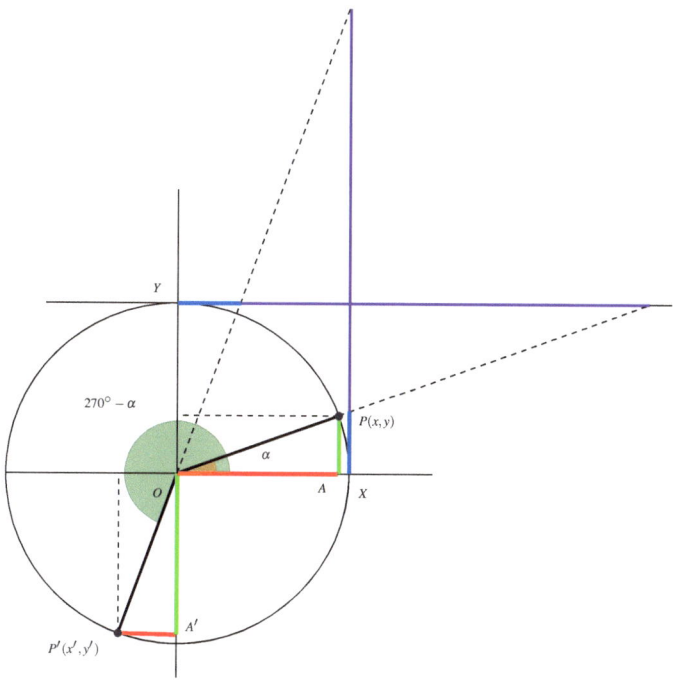

En la figura,

$$\sin \alpha = y \qquad \sin(270° - \alpha) = y'$$
$$\cos \alpha = x \qquad \cos(270° - \alpha) = x'$$

Los triángulos $\widehat{AOP}$ y $\widehat{A'OP'}$ son iguales, ya que:

- Los dos son triángulos rectángulos.
- $\widehat{AOP} = \widehat{A'OP'}$
- $\overline{OP} = \overline{OP'} = 1$

Por tanto: $\overline{OA} = \overline{OA'}$, es decir $x = -y'$; y $\overline{AP} = \overline{A'P'}$, luego $y = -x'$. Con esto

$$\begin{cases} \sin(270° - \alpha) & = -\cos \alpha \\ \cos(270° - \alpha) & = -\sin \alpha \\ \tan(270° - \alpha) & = \cot \alpha \\ \csc(270° - \alpha) & = -\sec \alpha \\ \sec(270° - \alpha) & = -\csc \alpha \\ \cot(270° - \alpha) & = \tan \alpha \end{cases}$$

5.6. Reducción de ángulos del tipo $270° + \alpha$ a α

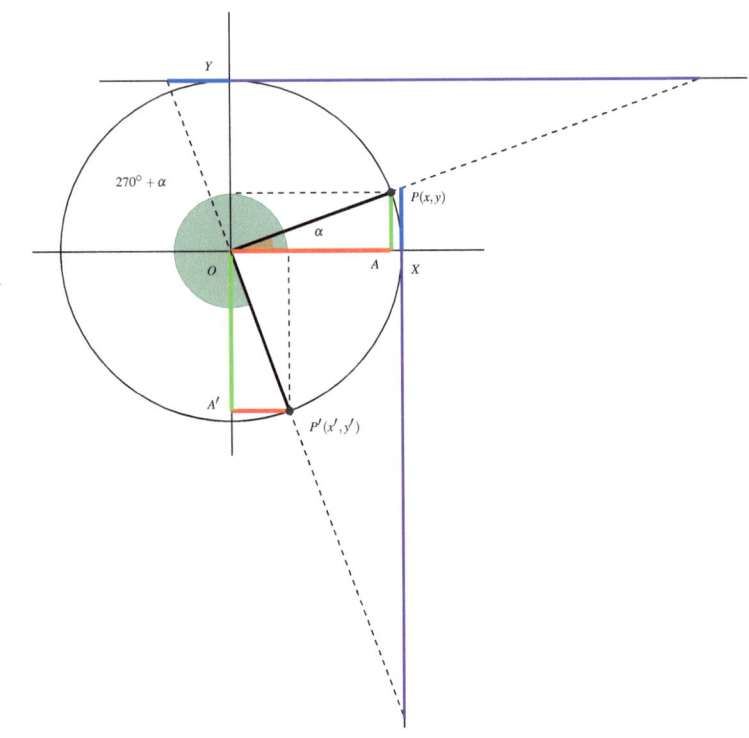

En la figura,

$$\sin\alpha = y \qquad \sin(270° + \alpha) = x'$$
$$\cos\alpha = x \qquad \cos(270° + \alpha) = y'$$

Los triángulos $\widehat{AOP}$ y $\widehat{OA'P'}$ son iguales, ya que:

- Los dos son triángulos rectángulos.

- $\widehat{A'OP'} = \alpha$, por lo que $\widehat{AOP} = \widehat{A'OP'}$

- $\overline{OP} = \overline{OP'} = 1$

Por tanto: $\overline{PA} = \overline{P'A'}$, es decir $y = x'$; y $\overline{OA} = \overline{PA'}$, luego $x = -y'$. Con esto

$$\begin{cases} \sin(270° + \alpha) &= -\cos\alpha \\ \cos(270° + \alpha) &= \sin\alpha \\ \tan(270° + \alpha) &= -\cot\alpha \\ \csc(270° + \alpha) &= -\sec\alpha \\ \sec(270° + \alpha) &= \csc\alpha \\ \cot(270° + \alpha) &= -\tan\alpha \end{cases}$$

5.7. Ángulos opuestos. Reducción de ángulos del tipo $360° - \alpha$ a α

El ángulo opuesto al ángulo α es $-\alpha$ o $360° - \alpha$.

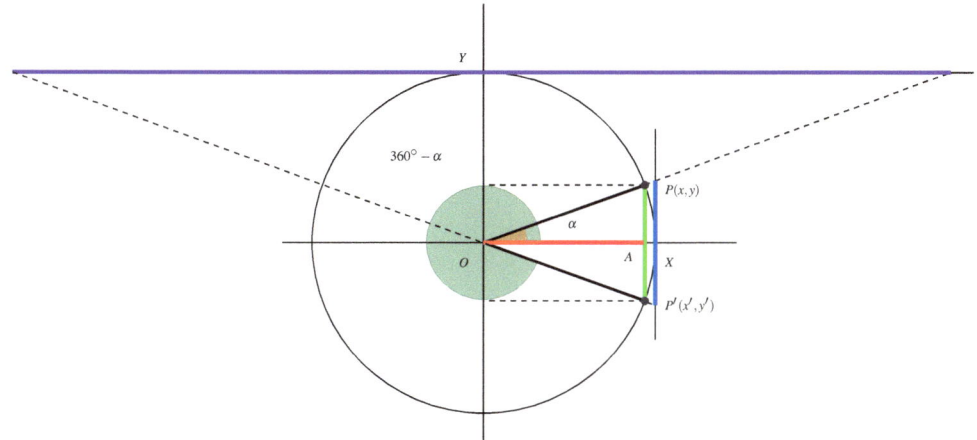

En la figura,

$$\sin\alpha = y \qquad\qquad \sin(360° - \alpha) = y'$$
$$\cos\alpha = x \qquad\qquad \cos(360° - \alpha) = x'$$

Los triángulos $\widehat{AOP}$ y $\widehat{AOP'}$ son iguales, ya que:

- Los dos son triángulos rectángulos.
- $\widehat{AOP} = \widehat{AOP'}$
- $\overline{OP} = \overline{OP'} = 1$

Evidentemente $x = x'$; y como $\overline{AP} = \overline{AP'}$, se tiene que $y = -y'$. Con esto

$$\begin{cases} \sin(360° - \alpha) = \sin(-\alpha) & = -\sin\alpha \\ \cos(360° - \alpha) = \cos(-\alpha) & = \cos\alpha \\ \tan(360° - \alpha) = \tan(-\alpha) & = -\tan\alpha \\ \csc(360° - \alpha) = \csc(-\alpha) & = -\csc\alpha \\ \sec(360° - \alpha) = \sec(-\alpha) & = \sec\alpha \\ \cot(360° - \alpha) = \cot(-\alpha) & = -\cot\alpha \end{cases}$$

Ejercicios

64. Calcula:

    (a) $\sin 50°$ si $\cos 40° = 0,7660$

    (b) $\cos 20°$ si $\sin 70° = 0,9397$

(c) $\sin 105°$ si $\sin 75° = 0,9659$

(d) $\sec(-25°)$ si $\cos 25° = 0,9063$

(e) $\tan 35°$ si $\cot 215° = 1,4281$

(f) $\sin(-80°)$ si $\sin 80° = 0,9848$

(g) $\tan 170°$ si $\tan 10° = 0,1763$

(h) $\cot 245°$ si $\tan 65° = 2,1445$

65. Halla el valor exacto de las razones trigonométricas de los siguientes ángulos a partir de las de los ángulos fundamentales:

(a) $135°$

(b) $\frac{-\pi}{6}$ rad

(c) $\frac{-\pi}{3}$ rad

(d) $240°$

(e) $225°$

(f) $150°$

(g) $120°$

(h) $\frac{-\pi}{4}$ rad

66. Relaciona cada ángulo con uno del primer cuadrante y halla el valor exacto de sus razones:

(a) $300°$

(b) $\frac{5\pi}{4}$ rad

(c) $315°$

(d) $\frac{4\pi}{3}$ rad

(e) $\frac{7\pi}{6}$ rad

67. Relaciona cada uno con uno del primer cuadrante y halla el valor exacto de sus razones:

   (a) $765°$

   (b) $1110°$

   (c) $855°$

   (d) $585°$

   (e) $420°$

   (f) $480°$

   (g) $1320°$

   (h) $1290°$

68. Sabiendo que $\sin \alpha = \frac{3}{4}$ y $0° < \alpha < 90°$, calcula:

   (a) $\cos \alpha$

   (b) $\tan(\pi - \alpha)$

   (c) $\sec(-\alpha)$

(d) $\sin\left(\frac{\pi}{2} - \alpha\right)$ | (e) $\cos(\pi + \alpha)$ | (f) $\cot(2\pi - \alpha)$

69. Halla con la calculadora la medida aproximada de los ángulos que verifican estas condiciones:

    (a) $\sin\alpha = 0,9848$ si $0° < \alpha < 90°$

    (c) $\tan\alpha = 0,1763$ si $180° < \alpha < 270°$

    (b) $\cos\alpha = -0,9397$ si $90° < \alpha < 180°$

    (d) $\sin\alpha = -0,1736$ si π rad $< \alpha < \frac{3\pi}{2}$ rad

70. Determina, sin hallar su valor, cuál es la relación entre cada uno de los siguientes pares de razones trigonométricas:

    (a) $\sin 37°$ y $\cos 53°$

    (e) $\sec 15°$ y $\csc 85°$

    (b) $\tan 97°$ y $\tan(-97°)$

    (f) $\csc(-13°)$ y $\csc 13°$

    (c) $\sin 140°$ y $\sin 40°$

    (g) $\tan 42°$ y $\tan 222°$

    (d) $\cos 87°$ y $\cos 93°$

    (h) $\cos 16°$ y $\cos 196°$

71. Determina, sin hallar su valor, la relación entre cada uno de estos pares de razones trigonométricas:

    (a) $\sin \frac{\pi}{4}$ rad y $\cos \frac{3\pi}{4}$ rad

    (b) $\cos \frac{\pi}{6}$ rad y $\sin \frac{\pi}{3}$ rad

    (c) $\sec \frac{3\pi}{5}$ rad y $\sec \frac{8\pi}{5}$ rad

    (d) $\tan \frac{\pi}{3}$ rad y $\tan\left(-\frac{\pi}{3}\right)$ rad

72. Indica el valor de cada una de las siguientes expresiones para cualquier valor de α:

    (a) $\sin \alpha + \sin(\alpha + \pi)$

    (b) $\tan \alpha + \tan(-\alpha)$

    (c) $\cos \alpha + \cos(\pi - \alpha)$

    (d) $\csc \alpha - \sec\left(\frac{\pi}{2} - \alpha\right)$

73. Relaciona cada ángulo con uno del primer cuadrante y halla el valor exacto de las siguientes razones trigonométricas:

    (a) $\sin(-60°)$

    (b) $\cos(-570°)$

    (c) $\sin 810°$

    (d) $\cos(-60°)$

    (e) $\tan(-570°)$

    (f) $\cos 810°$

(g) $\tan(-60°)$

(h) $\sin 5\pi$ rad

(i) $\tan 810°$

(j) $\sin(-570°)$

(k) $\cos 5\pi$ rad

(l) $\sin \frac{7\pi}{3}$ rad

74. Expresa con una razón trigonométrica de un ángulo del primer cuadrante las siguientes razones:

    (a) $\sin 170°$

    (b) $\sin 200°$

    (c) $\sec 257°$

    (d) $\cos 285°$

    (e) $\tan 115°$

    (f) $\csc 335°$

75. Si $\sin \alpha = 0,31$, calcula:

    (a) $\cos\left(\frac{\pi}{2} + \alpha\right)$

    (b) $\sin\left(\frac{3\pi}{2} + \alpha\right)$

    (c) $\sin(\pi - \alpha)$

    (d) $\tan(-\alpha)$

(e) $\tan(\pi + \alpha)$

(f) $\cos\left(\frac{\pi}{2} - \alpha\right)$

76. Sabiendo que $\sin 28° = 0,4695$, calcula el seno, el coseno y la tangente de los siguientes ángulos:

    (a) $62°$

    (b) $152°$

    (c) $-28°$

    (d) $208°$

77. Halla el seno, el coseno la tangente de los siguientes ángulos, sabiendo que $\sin 75° = 0,9659$.

    (a) $105°$

    (b) $285°$

    (c) $165°$

    (d) $195°$

    (e) $15°$

    (f) $795°$

(g) 255° | (h) 345°

78. Encuentra el ángulo α, si $0° < \alpha < 360°$, que cumpla lo que se indica en cada apartado:

    (a) $\sin\alpha = \sin 23°$ | (d) $\sin\alpha = \sin 190°$

    (b) $\cos\alpha = \cos 325°$ | (e) $\tan\alpha = \tan 310°$

    (c) $\cos\alpha = \cos 215°$ | (f) $\tan\alpha = \tan 150°$

79. Indica el ángulo α, si $0° < \alpha < 90°$, que cumpla:

    (a) $\sin 27° = \cos\alpha$ | (c) $\cos 17° = \sin\alpha$

    (b) $\sec 84° = \csc\alpha$ | (d) $\tan 35° = \cot\alpha$

80. Teniendo en cuenta que $\sin\alpha = \frac{4}{5}$, $\alpha \in$ I cuadrante, calcula las siguientes razones:

    (a) $\cos(-\alpha)$ | (b) $\tan(180° - \alpha)$

(c) $\sec(\pi + \alpha)$

(d) $\csc(-\alpha)$

(e) $\sin\left(\frac{\pi}{2} - \alpha\right)$

(f) $\cot\left(\frac{\pi}{2} - \alpha\right)$

81. Determina el valor de x en cada caso:

    (a) $\sin 35° = \cos x$ si $0° < x < 90°$

    (b) $\cos 15° = -\cos x$ si π rad $< x < \frac{3\pi}{2}$ rad

    (c) $\tan 288° = \tan x$ si $x \in$ II cuadrante

    (d) $-\sin 334° = \sin x$ si $x \in$ II cuadrante

82. Sin ayuda de la calculadora, indica los valores de las siguientes razones trigonométricas.

    (a) $\sin 120°$

    (b) $\cos 150°$

    (c) $\tan 300°$

    (d) $\sin 225°$

    (e) $\cos 135°$

    (f) $\tan 1305°$

    (g) $\sin 300°$

    (h) $\cos 210°$

    (i) $\tan 150°$

83. Indica en cada caso qué ángulos menores de 360 grados cumplen las siguientes igualdades.

   (a) $\sin x = \sin 15°$

   (b) $\cos y = \cos 15°$

   (c) $\tan z = \tan 15°$

84. Expresa las razones trigonométricas de los siguientes ángulos en función de las de 10 grados.

   (a) $80°$

   (b) $170°$

   (c) $190°$

   (d) $-10°$

   (e) $350°$

   (f) $280°$

Soluciones

1. (a) Grados: 90°. Radianes: $\frac{\pi}{2}$. (b) Grados: 180°. Radianes: π. (c) Grados: 360°. Radianes: 2π.

2. (a) 0 rad (e) $\frac{\pi}{4}$ rad (i) $\frac{2\pi}{3}$ rad (m) $\frac{35\pi}{36}$ rad (p) $\frac{5\pi}{4}$ rad (t) $\frac{5\pi}{3}$ rad
   (b) $\frac{\pi}{9}$ rad (f) $\frac{\pi}{3}$ rad (j) $\frac{3\pi}{4}$ rad (n) π rad (q) $\frac{4\pi}{3}$ rad (u) $\frac{7\pi}{4}$ rad
   (c) $\frac{\pi}{6}$ rad (g) $\frac{\pi}{2}$ rad (k) $\frac{7\pi}{9}$ rad (ñ) $\frac{10\pi}{9}$ rad (r) $\frac{45\pi}{36}$ rad (v) $\frac{11\pi}{6}$ rad
   (d) $\frac{2\pi}{9}$ rad (h) $\frac{11\pi}{18}$ rad (l) $\frac{5\pi}{6}$ rad (o) $\frac{7\pi}{6}$ rad (s) $\frac{3\pi}{2}$ rad (w) 2π rad

3. $1° \approx 0,0171533$ rad

4. 1 rad $= 57°17'44,81''$

5. $\frac{\pi}{5}$ rad $< 50° < 120° < 2,5$ rad

6. (a) 36° (e) 144° (i) $217°43'26,26''$ (m) 30° (p) 300°
   (b) 270° (f) 540° (j) $242°21'5,16''$ (n) 120° (q) 240°
   (c) $687°32'57,67''$ (g) 2160° (k) 60° (ñ) 270°
   (d) 300° (h) 360° (l) 45° (o) 135°

7. (a) Grados: 45°. Radianes: $\frac{\pi}{4}$. (c) Grados: 225°. Radianes: $\frac{5\pi}{4}$. (e) Grados: 150°. Radianes: $\frac{5\pi}{6}$.
   (b) Grados: 60°. Radianes: $\frac{\pi}{3}$. (d) Grados: 30°. Radianes: $\frac{\pi}{6}$. (f) Grados: 300°. Radianes: $\frac{5\pi}{3}$.

8. (a) 3,77 cm. (b) 9,6 cm. (c) 256,2 cm. (d) 11,4 cm. (e) 2,83 cm. (f) 6,60 cm.

9. (a) $99°45'23,88'' = 1,741$ rad (b) $27°37'33,35'' = 0,482$ rad (c) $130°45'30'' = 2,252$ rad (d) $6°52'31,78'' = 0,12$ rad

10. (a) 90° (e) 180° (i) 270° (m) 360° (p) $\frac{\pi}{4}$ rad
    (b) 45° (f) 135° (j) 225° (n) 270° (q) $\frac{7\pi}{18}$ rad
    (c) $\frac{\pi}{6}$ rad (g) $\frac{2\pi}{3}$ rad (k) $\frac{5\pi}{6}$ rad (ñ) $\frac{7\pi}{6}$ rad (r) $114°35'29,61''$
    (d) $\frac{4\pi}{3}$ rad (h) $\frac{5\pi}{3}$ rad (l) $\frac{11\pi}{6}$ rad (o) 2π rad (s) 36°

11. (a) 1,745 rad (d) 0,384 rad (g) 5,498 rad
    (b) 1,018 rad (e) 3,011 rad (h) 5,242 rad
    (c) 1,488 rad (f) 0,038 rad (i) 1,693 rad

12. (a) $343,77° = 343°46'28,84''$ (d) 1440° (g) $114,59° = 114°35'29,61''$
    (b) 108° (e) $67,5° = 67°30'$ (h) 300°
    (c) $13,19° = 17°11'19,44''$ (f) $309,40° = 309°23'49,95''$ (i) 210°

13. (a) Grados: 120°. Radianes: $\frac{2\pi}{3}$. (c) Grados: 90°. Radianes: $\frac{\pi}{2}$.
    (b) Grados: 72°. Radianes: $\frac{2\pi}{5}$. (d) Grados: 60°. Radianes: $\frac{\pi}{3}$.

14. (a) $\frac{10\pi}{3}$ cm = 10,47 cm (c) $\frac{35\pi}{2}$ cm = 54,98 cm (e) 27 cm
    (b) 80 cm (d) $\frac{20}{3}$ cm = 6,67 cm (f) 10π cm = 31,42 cm

15. 418,88 cm.

16. (a) $95°29'34,68''$ (b) $57°17'44,81''$ (c) $190°59'9,35''$

17. (a) $268°23'42'' = 4,68$ rad (c) $98°11'51'' = 1,71$ rad
    (b) $-170°1'30'' = -2,97$ rad (d) $133°36'18'' = 2,33$ rad

18. (a) $903° \equiv 183°$, III cuadrante (e) $1180° \equiv 0°$, eje X. (i) $-1331° \equiv 109°$, II cuadrante
    (b) $1710° \equiv 270°$, eje Y. (f) $7360° \equiv 160°$, II cuadrante (j) $-660° \equiv 60°$, I cuadrante
    (c) $2360° \equiv 200°$, III cuadrante (g) $-858° \equiv 222°$, III cuadrante (k) $-2000° \equiv 160°$, II cuadrante
    (d) $415° \equiv 55°$, I cuadrante (h) $-1085° \equiv 355°$, IV cuadrante (l) $-715° \equiv 5°$, I cuadrante

19. (a) 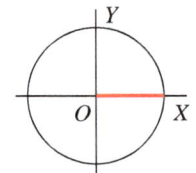 (c) 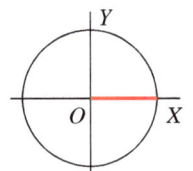 (e) 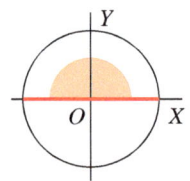 (g) 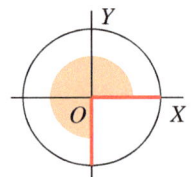 (i)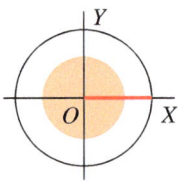

    (b) 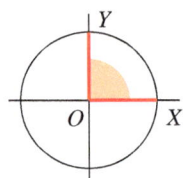 (d) 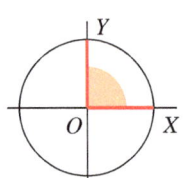 (f) 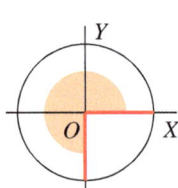 (h) 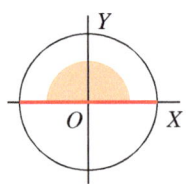 (j)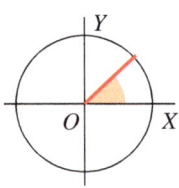

20. (a) 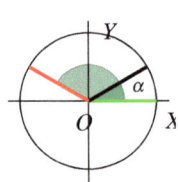 (b) 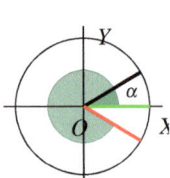 (c) 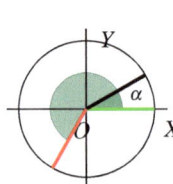 (d) 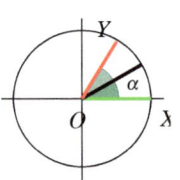 (e)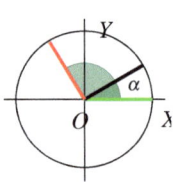

21. (a) $330°$ (b) $150°$ (c) $210°$

22. (a) III cuadrante. (g) III cuadrante. (m) II cuadrante.
    (b) II cuadrante. (h) II cuadrante. (n) I cuadrante.
    (c) II cuadrante. (i) III cuadrante. (ñ) Eje X
    (d) II cuadrante. (j) I cuadrante. (o) III cuadrante.
    (e) III cuadrante. (k) II cuadrante. (p) IV cuadrante.
    (f) III cuadrante. (l) III cuadrante. (q) I cuadrante.

23. (a) II cuadrante. (b) III cuadrante. (c) IV cuadrante. (d) II cuadrante.

24. (a) $1150° \equiv 70°$, I cuadrante. (c) $850° \equiv 130°$, III cuadrante. (e) $\frac{7\pi}{2}$ rad $\equiv \frac{\pi}{2}$ rad, eje X.
    (b) $370° \equiv 10°$, I cuadrante. (d) $\frac{10\pi}{3}$ rad $\equiv \frac{4\pi}{3}$ rad, III cuadrante. (f) $\frac{13\pi}{5}$ rad $\equiv \frac{3\pi}{5}$ rad, II cuadrante.

25. (a) 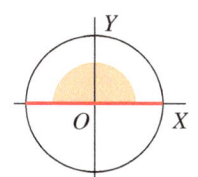 (e) 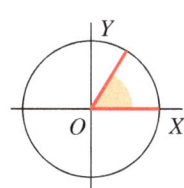 (i) 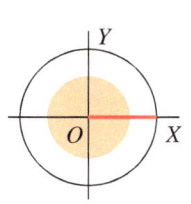 (m) 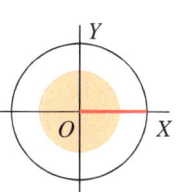 (p)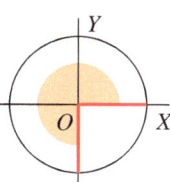

    (b) 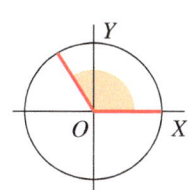 (f) 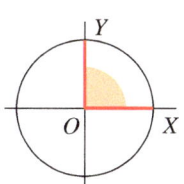 (j) 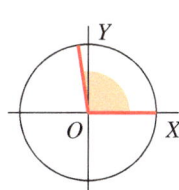 (n) 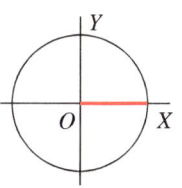 (q)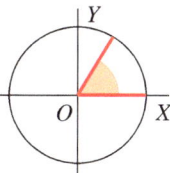

    (c) 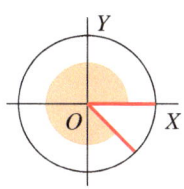 (g) 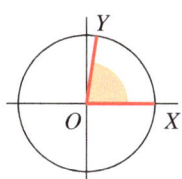 (k) 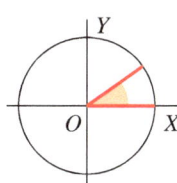 (ñ)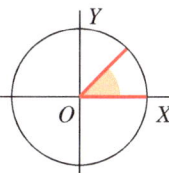

    (d) 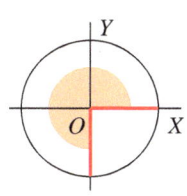 (h) 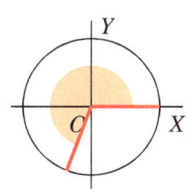 (l) 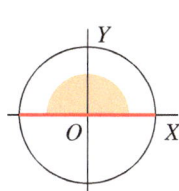 (o)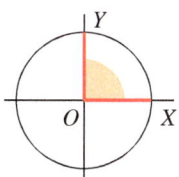

26. (a) $500° = 360° + 140°$, I cuadrante. (c) $\frac{17\pi}{6}$ rad $= 2\pi$ rad $+ \frac{5\pi}{6}$ rad, II cuadrante.
    (b) $2389° = 6 \cdot 360° + 229°$, III cuadrante. (d) $\frac{32\pi}{5}$ rad $= 3 \cdot 2\pi$ rad $+ \frac{2\pi}{5}$ rad, I cuadrante.

27. (a) IV cuadrante. (c) IV cuadrante. (e) III cuadrante. (g) III cuadrante.
    (b) II cuadrante. (d) II cuadrante. (f) I cuadrante. (h) I cuadrante.

28. (a) $\cos\alpha = \frac{3}{5}$, $\sin\alpha = \frac{4}{5}$, $\tan\alpha = \frac{4}{3}$
    (b) $\cos\alpha = -0{,}6$, $\sin\alpha = 0{,}8$, $\tan\alpha = -\frac{4}{3}$
    (c) $\cos\alpha = -\frac{1}{3}$, $\sin\alpha = -\frac{2\sqrt{2}}{3}$, $\tan\alpha = 2\sqrt{2}$
    (d) $\cos\alpha = \frac{3}{4}$, $\sin\alpha = \frac{\sqrt{7}}{4}$, $\tan\alpha = \frac{sqrt7}{3}$
    (e) $\cos\alpha = \frac{1}{2}$, $\sin\alpha = -\frac{\sqrt{3}}{2}$, $\tan\alpha = -3$
    (f) $\cos\alpha = \frac{4}{5}$, $\sin\alpha = -\frac{3}{5}$, , $\tan\alpha = -\frac{3}{4}$

29. (a) Positivo. (d) Positivo. (g) Positivo.
    (b) Negativo (e) Negativo. (h) Positivo.
    (c) Negativo. (f) Positivo. (i) Positivo.

30. (a) Positivo. (b) Negativo. (c) Negativo. (d) Positivo. (e) Negativo. (f) Negativo.

31. (a) $\cos\alpha = 0,8, \tan\alpha = 0,75, \csc\alpha = 1,6667, \sec\alpha = 1,25, \cot\alpha = 1,3333$

   (b) $\sin\alpha = 0,6, \tan\alpha = -0,75, \csc\alpha = 1,6667, \sec\alpha = -1,25, \cot\alpha = -1,3333$

   (c) $\sin\alpha = -0,9701, \cos\alpha = -0,2425, \csc\alpha = -1,0308, \sec\alpha = -4,1231, \cot\alpha = 0,25$

   (d) $\sin\alpha = -0,866, \cos\alpha = 0,5, \tan\alpha = -1,7321, \csc\alpha = -1,1547, \cot\alpha = -0,5774$

   (e) $\cos\alpha = -0,9798, \tan\alpha = 0,2041, \csc\alpha = -5, \sec\alpha = -1,0206, \cot\alpha = 4,899$

   (f) $\sin\alpha = -0,7453, \tan\alpha = -1,1179, \csc\alpha = -1,3417, \sec\alpha = 1,4999, \cot\alpha = -0,8945$

   (g) $\sin\alpha = -0,1961, \cos\alpha = 0,9806, \tan\alpha = -0,2, \csc\alpha = -5,099, \sec\alpha = 1,0198$

   (h) $\sin\alpha = 0,5, \cos\alpha = -0,866, \tan\alpha = -0,5774, \sec\alpha = -1,1547, \cot\alpha = -1,7321$

32. La cosecante y la cotangente no se pueden definir en $0° \equiv 0$ rad ni en $180° \equiv \pi$ rad. La secante y no se puede definir en $90° \equiv \frac{\pi}{2}$ rad ni en $270° \equiv \frac{3\pi}{2}$ rad.

33. α puede pertenecer a los cuadrantes I y IV.

34. (a) $\alpha = 41°24'34,64''$ y $\alpha = 318°35'25,36''$ (g) $\alpha = 343°8'31,36''$ y $\alpha = 196°51'28,64''$

   (b) $\alpha = 191°32'13,05''$ y $\alpha = 348°27'49,95''$ (h) $\alpha = 16°15'36,74''$ y $\alpha = 343°44'23,26''$

   (c) $\alpha = 66°48'5,07''$ y $\alpha = 246°48'5,07''$ (i) $\alpha = 69°40'36,71''$ y $\alpha = 249°40'36,71''$

   (d) $\alpha = 120°$ y $\alpha = 240°$ (j) $\alpha = 20°29'14,33''$ y $\alpha = 159°30'45,67''$

   (e) $\alpha = 95°44'21,01''$ y $\alpha = 264°15'38,99''$ (k) $\alpha = 103°5'30,82''$ y $\alpha = 283°5'30,82''$

   (f) $\alpha = 44°25'37,21''$ y $\alpha = 315°34'22,79''$ (l) $\alpha = 99°47'16,15''$ y $\alpha = 260°12'43,85''$

35. (a) Positivo. $\sin 95° = 0,9962$.   (g) Negativo. $\tan 300° = -\sqrt{3} = -1,7321$.

   (b) Positivo. $\cos 1$ rad $= 0,5403$.   (h) Negativo. $\sin 1,8\pi$ rad $= -0,5878$.

   (c) Negativo. $\tan 105° = -2-\sqrt{3} = -3,7321$.   (i) Negativo. $\cos 0,8\pi$ rad $= -0,8090$.

   (d) Positivo. $\csc 2,5$ rad $= 1,6709$.   (j) Negativo. $\sin(-65°) = -0,9063$.

   (e) Negativo. $\sec 212° = -1,1792$.   (k) Negativo. $\cos(-108°) = -0,3090$.

   (f) Positivo. $\cot 4$ rad $= 0,8637$.   (l) Positivo. $\tan 950° = 1,1918$.

36. (a) $\sin\alpha = 0,9539, \tan\alpha = 3,1798, \csc\alpha = 1,0483, \sec\alpha = 3,3333, \cot\alpha = 0,3145, \alpha = 72°32'32,63''$

   (b) $\cos\alpha = -0,9583, \tan\alpha = -0,2981, \csc\alpha = 3,5, \sec\alpha = -1,0435, \cot\alpha = -3,3541, \alpha = 163°23'54,42''$

   (c) $\sin\alpha = -0,8944, \cos\alpha = -0,4472, \csc\alpha = -1,118, \sec\alpha = -2,2361, \cot\alpha = 0,5, \alpha = 243°26'5,82''$

37. (a) I y II cuadrantes.   (b) I y IV cuadrantes.   (c) I y III cuadrantes.

38. (a) $\alpha = 0°$, $\alpha = 180°$ (f) $\alpha = 180°$ (k) $\alpha = 30°$, $\alpha = 210°$ (o) $\alpha = 60°$, $\alpha = 100°$

   (b) $\alpha = 90°$ (g) $\alpha = 0°$, $\alpha = 180°$ (l) $\alpha = 150°$, $\alpha = 210°$ (p) $\alpha = 60°$, $\alpha = 240°$

   (c) $\alpha = 270°$ (h) $\alpha = 45°$, $\alpha = 225°$ (m) $\alpha = 120°$, $\alpha = 240°$ (q) $\alpha = 225°$, $\alpha = 315°$

   (d) $\alpha = 90°$, $\alpha = 270°$ (i) $\alpha = 135°$, $\alpha = 315°$ (n) $\alpha = 45°$, $\alpha = 315°$

   (e) $\alpha = 0°$ (j) $\alpha = 210°$, $\alpha = 330°$ (ñ) $\alpha = 150°$, $\alpha = 330°$

39. (a) $\alpha = 45°, \alpha = 225°$ (c) $\alpha = 135°, \alpha = 315°$

     (b) $\alpha = 45°, \alpha = 135°, \alpha = 225°, \alpha = 315°$ (d) Ninguno

40. (a) No, el coseno de un ángulo simempre está entre -1 y 1.

     (b) No, el seno de un ángulo simempre está entre -1 y 1.

     (c) Sí, para ángulos muy cerca de $90°$

     (d) En el segundo cuadrante, el coseno es negativo, pero el seno es positivo.

     (e) Sí, si está en el tercer cuadrante.

41. (a) No.   (b) Sí, todos.   (c) IV cuadrante

42. (a) $\cos\alpha = -0{,}7534, \tan\alpha = -0{,}8727, \csc\alpha = 1{,}5208, \sec\alpha = -1{,}3273, \cot\alpha = -1{,}1458$

     (b) $\sin\alpha = -0{,}8165, \cos\alpha = -0{,}5774, \csc\alpha = -1{,}2247, \sec\alpha = -1{,}7321, \cot\alpha = 0{,}7071$

43. (a) $0{,}4407$ (b) $0{,}5407$ (c) $-3{,}0777$ (d) $0{,}6235$ (e) $14{,}1014$ (f) $0{,}9890$

44. (a) $0{,}4701 \text{ rad} = 26°56'5{,}09''$ (c) $1{,}1344 \text{ rad} = 64°59'46{,}8''$ (e) $0{,}8726 \text{ rad} = 49°59'46{,}67''$

     (b) $\frac{\pi}{6} \text{ rad} = 30°$ (d) $1{,}1868 \text{ rad} = 67°59'55{,}07''$ (f) $\frac{\pi}{4} \text{ rad} = 45°$

45. (a) $\dfrac{1 + \frac{1}{\tan\alpha}}{\sin\alpha + \cos\alpha} = \dfrac{1 + \frac{\cos\alpha}{\sin\alpha}}{\sin\alpha + \cos\alpha} = \dfrac{\frac{\sin\alpha + \cos\alpha}{\sin\alpha}}{\sin\alpha + \cos\alpha} = \dfrac{\sin\alpha + \cos\alpha}{(\sin\alpha)(\sin\alpha + \cos\alpha)} = \dfrac{1}{\sin\alpha}$

     (b) $\tan\alpha \cdot \tan\beta \left(\dfrac{1}{\tan\alpha} + \dfrac{1}{\tan\beta}\right) = \dfrac{\tan\alpha \cdot \tan\beta}{\tan\alpha} + \dfrac{\tan\alpha \cdot \tan\beta}{\tan\beta} = \tan\alpha + \tan\beta$

46. $(1 + \cos\alpha)(1 - \cos\alpha) + (1 - \sin\alpha)(1 + \sin\alpha) = 1 - \cos^2\alpha + 1 - \sin^2\alpha = 2 - (\cos^2\alpha + \sin^2\alpha) = 2 - 1 = 1$

47. (a) $\dfrac{\sin^3\alpha + \cos^2\alpha \sin\alpha}{\cos\alpha} = \dfrac{(\sin^2\alpha + \cos^2\alpha)\sin\alpha}{\cos\alpha} = \dfrac{\sin\alpha}{\cos\alpha} = \tan\alpha$

     (b) $\dfrac{1 - \sin^2\alpha}{\sin^2\alpha} = \dfrac{\cos^2\alpha}{\sin^2\alpha} = \dfrac{1}{\tan^2\alpha}$

     (c) $\left(\dfrac{\sin\alpha}{\cos\alpha} + \dfrac{\cos\alpha}{\sin\alpha}\right)\sin^2\alpha = \left(\dfrac{\sin^2\alpha + \cos^2\alpha}{\cos\alpha \sin\alpha}\right)\sin^2\alpha = \left(\dfrac{1}{\cos\alpha \sin\alpha}\right)\sin^2\alpha = \dfrac{\sin^2\alpha}{\cos\alpha \sin\alpha} = \dfrac{\sin\alpha}{\cos\alpha} = \tan\alpha$

     (d) $\dfrac{\cos^2\alpha + 1}{\cos^2\alpha} = 1 + \dfrac{1}{\cos^2\alpha} = 1 + 1 + \tan^2\alpha = 2 + \tan^2\alpha$

48. (a) $\dfrac{(\sin\alpha + \cos\alpha)^2}{\sin\alpha} = \dfrac{\sin^2\alpha + \cos^2\alpha + 2\sin\alpha\cos\alpha}{\sin\alpha} = \dfrac{1 + 2\sin\alpha\cos\alpha}{\sin\alpha} = \dfrac{1}{\sin\alpha} + \dfrac{2\sin\alpha\cos\alpha}{\sin\alpha} = \csc\alpha + 2\cos\alpha$

     (b) $\dfrac{\cos^2\alpha \cdot \sin\alpha + \sin^3\alpha}{\cos\alpha} = \dfrac{(\sin^2\alpha + \cos^2\alpha)\sin\alpha}{\cos\alpha} = \dfrac{\sin\alpha}{\cos\alpha} = \tan\alpha$

49. (a) $(1 + \tan^2\alpha)\cos^2\alpha = \left(1 + \dfrac{\sin^2\alpha}{\cos^2\alpha}\right)\cos^2\alpha = \cos^2\alpha + \dfrac{\sin^2\alpha}{\cos^2\alpha}\cos^2\alpha = \cos^2\alpha + \sin^2\alpha = 1$

     (b) $\sin^2\alpha \cos\alpha + \sin\alpha \cos^2\alpha - \cos\alpha \sin^2\alpha + \sin^3\alpha = (\sin^2\alpha + \cos^2\alpha)\sin\alpha = \sin\alpha$

50. (a) $\sin\alpha$ (b) $\tan\alpha$ (c) $\cot\alpha$

51. (a) $1 + \dfrac{1}{\tan^2\alpha} = 1 + \dfrac{\cos^2\alpha}{\sin^2\alpha} = \dfrac{\sin^2\alpha + \cos^2\alpha}{\sin^2\alpha} = \dfrac{1}{\sin^2\alpha}$

(b) $\tan^2\alpha - \sin^2\alpha = \dfrac{\sin^2\alpha}{\cos^2\alpha} - \sin^2\alpha = \sin^2\alpha(\dfrac{1}{\cos^2\alpha} - 1) = \sin^2\alpha \cdot \tan^2\alpha$

(c) $\cos^2\alpha - \sin^2\alpha = 1 - \sin^2\alpha - \sin^2\alpha = 1 - 2\sin^2\alpha$

(d) $\sin^2\alpha + \sin^2\alpha \cdot \tan^2\alpha = \sin^2\alpha(1 + \tan^2\alpha) = \sin^2\alpha \sec^2\alpha = \dfrac{\sin^2\alpha}{\cos^2\alpha} = \tan^2\alpha$

52. (a) $\cos\alpha + \dfrac{\sin\alpha}{\tan\alpha} = \cos\alpha + \dfrac{\sin\alpha}{\frac{\sin\alpha}{\cos\alpha}} = \cos\alpha + \dfrac{\sin\alpha\cos\alpha}{\sin\alpha} = 2\cos\alpha$

(b) $\dfrac{1-\cos\alpha}{\sin^2\alpha} = \dfrac{1-\cos\alpha}{1-\cos^2\alpha} = \dfrac{1-\cos\alpha}{(1-\cos\alpha)(1+\cos\alpha)} = \dfrac{1}{1+\cos\alpha}$

53. (a) $\dfrac{\sqrt{3}}{2}$ (b) $\dfrac{\sqrt{2}}{2}$ (c) 2 (d) 1 (e) $\sqrt{3}$ (f) $\dfrac{2}{\sqrt{3}}$

54. (a) $-\dfrac{\sqrt{3}}{3} = -0,5774$ (c) 0,3090 (e) 2 (g) 0

(b) 0,6235 (d) 0,5736 (f) 0,7660 (h) -1

55. (a) $\sin\alpha = 0,3827, \cos\alpha = 0,9239, \tan\alpha = 0,4142$ (b) $\sin\alpha = 0,809, \cos\alpha = 0,5878, \tan\alpha = 1,3764$

56. (a) Falso, $\sin 270° = -1$. (c) Falso. $\tan 90°$ no existe.

(b) Falso. $\cos 0° = 1$. (d) Verdadero. $\sec 45° = \csc 45°$.

57. (a) 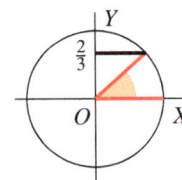 (b) 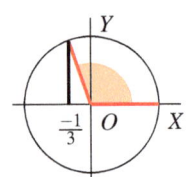 (c) 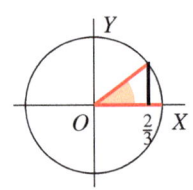 (d)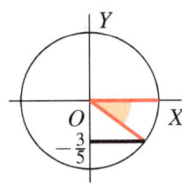

58. (a) II cuadrante. (b) IV cuadrante. (c) I cuadrante. (d) I cuadrante.

59. (a) I y III cuadrantes. (c) II y III cuadrantes. (e) I y II cuadrantes

(b) II y IV cuadrantes. (d) III y IV cuadrantes. (f) I y IV cuadrantes.

60. (a) Negativo. $\cos 215° = -0,8192$ (d) Negativo. $\sin 310° = -0,7660$ (g) Positivo. $\tan 35° = 0,7002$

(b) Negativo. $\sec 125° = -1,7434$ (e) Positivo. $\cos 350° = 0,9848$ (h) Positivo. $\cot 12° = 4,7046$

(c) Positivo. $\csc 124° = 1,2062$ (f) Negativo. $\tan 124° = -1,4826$ (i) Positivo. $\sin 124° = 0,8290$

61. I y III cuadrantes. I y IV cuadrantes. I y II cuadrantes.

62. (a) $\sin\alpha = 0,906, \cos\alpha = -0,4233, \csc\alpha = 1,1038, \sec\alpha = -2,3621, \cot\alpha = -0,4673$

(b) $\sin\alpha = -0,893, \tan\alpha = -1,9845, \csc\alpha = -1,1198, \sec\alpha = 2,2222, \cot\alpha = -0,5039$

(c) $\cos\alpha = -0,96, \tan\alpha = 0,2917, \csc\alpha = -3,5714, \sec\alpha = -1,0417, \cot\alpha = 3,4286$

(d) $\sin\alpha = -0,8944, \cos\alpha = -0,4472, \csc\alpha = -1,118, \sec\alpha = -2,2361, \cot\alpha = 0,5$

(e) $\sin\alpha = 0,7599, \tan\alpha = -1,1691, \csc\alpha = 1,3159, \sec\alpha = -1,5385, \cot\alpha = -0,8553$

(f) $\cos\alpha = 0,9474, \tan\alpha = -0,3378, \csc\alpha = -3,125, \sec\alpha = 1,0555, \cot\alpha = -2,9607$

(g) $\sin\alpha = -0,993, \cos\alpha = -0,1183, \tan\alpha = 8,3906, \csc\alpha = -1,0071, \cot\alpha = 0,1192$

(h) $\sin\alpha = 0,2941, \cos\alpha = -0,9558, \tan\alpha = -0,3077, \sec\alpha = -1,0463, \cot\alpha = -3,2496$

(i) $\sin\alpha = -0,848, \cos\alpha = 0,53, \csc\alpha = -1,1792, \sec\alpha = 1,8868, \cot\alpha = -0,625$

63. (a) Falso. (b) Verdadero. (c) Verdadero. (d) Falso.

64. (a) $\sin 50° = 0,7660$
    (b) $\cos 20° = 0,9397$
    (c) $\sin 105° = 0,9659$
    (d) $\sec(-25°) = \frac{1}{0,9063} = 1,1034$
    (e) $\tan 35° = \frac{1}{1,4281} = 0,7002$
    (f) $\sin(-80°) = -0,9848$
    (g) $\tan 170° = -0,1763$
    (h) $\cot 245° = \frac{1}{2,1445} = 0,4663$

65. (a) $\sin 135° = \frac{\sqrt{2}}{2}, \cos 135° = -\frac{\sqrt{2}}{2}, \tan 135° = -1$
    (b) $\sin \frac{-\pi}{6} = -\frac{1}{2}, \cos \frac{-\pi}{6} = \frac{\sqrt{3}}{2}, \tan \frac{-\pi}{6} = -\frac{\sqrt{3}}{3}$
    (c) $\sin \frac{-\pi}{3} = -\frac{\sqrt{3}}{2}, \cos \frac{-\pi}{3} = \frac{1}{2}, \tan \frac{-\pi}{3} = -\sqrt{3}$
    (d) $\sin 240° = -\frac{\sqrt{3}}{2}, \cos 240° = -\frac{1}{2}, \tan 240° = \sqrt{3}$
    (e) $\sin 225° = -\frac{\sqrt{2}}{2}, \cos 225° = -\frac{\sqrt{2}}{2}, \tan 225° = 1$
    (f) $\sin 150° = \frac{1}{2}, \cos 150° = -\frac{\sqrt{3}}{2}, \tan 120° = -\frac{\sqrt{3}}{3}$
    (g) $\sin 120° = \frac{\sqrt{3}}{2}, \cos 120° = -\frac{1}{2}, \tan 120° = -\sqrt{3}$
    (h) $\sin \frac{-\pi}{4} = -\frac{\sqrt{2}}{2}, \cos \frac{-\pi}{4} = \frac{\sqrt{2}}{2}, \tan \frac{-\pi}{4} = -1$

66. (a) $300° = 270° + 30°$. $\sin 300° = -\cos 30° = -\frac{\sqrt{3}}{2}, \cos 300° = \sin 30° = \frac{1}{2}, \tan 300° = -\cot 30° = -\frac{\sqrt{3}}{3}$
    (b) $\frac{5\pi}{4} = \pi + \frac{\pi}{4}$. $\sin \frac{5\pi}{4} = -\sin \frac{\pi}{4} = -\frac{\sqrt{2}}{2}, \cos \frac{5\pi}{4} = -\cos \frac{\pi}{4} = -\frac{\sqrt{2}}{2}, \tan \frac{5\pi}{4} = \tan \frac{\pi}{4} = 1$
    (c) $315° = 270° + 45°$. $\sin 315° = -\cos 45° = -\frac{\sqrt{2}}{2}, \cos 315° = \sin 45° = \frac{\sqrt{2}}{2}, \tan 315° = -\cot 45° = -1$
    (d) $\frac{4\pi}{3} = \pi + \frac{\pi}{3}$. $\sin \frac{4\pi}{3} = -\sin \frac{\pi}{3} = -\frac{\sqrt{3}}{2}, \cos \frac{4\pi}{3} = -\cos \frac{\pi}{3} = -\frac{1}{2}, \tan \frac{4\pi}{3} = \tan \frac{\pi}{3} = \sqrt{3}$
    (e) $\frac{7\pi}{6} = \pi + \frac{\pi}{6}$. $\sin \frac{7\pi}{6} = -\sin \frac{\pi}{6} = -\frac{1}{2}, \cos \frac{7\pi}{6} = -\cos \frac{\pi}{6} = -\frac{\sqrt{3}}{2}, \tan \frac{7\pi}{6} = \tan \frac{\pi}{6} = \frac{\sqrt{3}}{3}$

67. (a) $765° = 2 \cdot 360° + 45°$. $\sin 765° = \sin 45° = \frac{\sqrt{2}}{2}, \cos 765° = \cos 45° = \frac{\sqrt{2}}{2}, \tan 765° = \tan 45° = 1$
    (b) $1110° = 3 \cdot 360° + 30°$. $\sin 1110° = \sin 30° = \frac{1}{2}, \cos 1110° = \cos 30° = \frac{\sqrt{3}}{2}, \tan 1110° = \tan 30° = \frac{\sqrt{3}}{3}$
    (c) $855° = 2 \cdot 360° + 90° + 45°$. $\sin 855° = \cos 45° = \frac{\sqrt{2}}{2}, \cos 855° = -\sin 45° = -\frac{\sqrt{2}}{2}, \tan 855° = -\cot 45° = -1$
    (d) $585° = 360° + 180° + 45°$. $\sin 585° = -\sin 45° = -\frac{\sqrt{2}}{2}, \cos 585° = -\cos 45° = -\frac{\sqrt{2}}{2}, \tan 585° = \tan 45° = 1$
    (e) $420° = 360° + 60°$. $\sin 420° = \sin 60° = \frac{\sqrt{3}}{2}, \cos 420° = \cos 60° = \frac{1}{2}, \tan 420° = \tan 60° = \sqrt{3}$
    (f) $480° = 360° + 90° + 30°$. $\sin 480° = \cos 30° = \frac{\sqrt{3}}{2}, \cos 480° = -\sin 30° = -\frac{1}{2}, \tan 480° = -\cot 30° = -\sqrt{3}$
    (g) $1320° = 3 \cdot 360° + 180° + 60°$. $\sin 1320° = -\sin 60° = -\frac{\sqrt{3}}{2}, \cos 1320° = -\cos 60° = -\frac{1}{2}, \tan 1320° = \tan 60° = \sqrt{3}$
    (h) $1290° = 3 \cdot 360° + 180° + 30°$. $\sin 1290° = -\sin 30° = -\frac{1}{2}, \cos 1290° = -\cos 30° = -\frac{\sqrt{3}}{2}, \tan 1290° = \tan 30° = \frac{\sqrt{3}}{3}$

68. (a) $\cos \alpha = \frac{\sqrt{7}}{4}$
    (b) $\tan(\pi - \alpha) = -\tan(\alpha) = -\frac{3}{\sqrt{7}}$
    (c) $\sec(-\alpha) = \sec(\alpha) = \frac{4}{\sqrt{7}}$
    (d) $\sin\left(\frac{\pi}{2} - \alpha\right) = \cos \alpha = \frac{\sqrt{7}}{4}$
    (e) $\cos(\pi + \alpha) = -\cos \alpha = -\frac{\sqrt{7}}{4}$
    (f) $\cot(2\pi - \alpha) = -\cot(\alpha) - \frac{\sqrt{7}}{3}$

69. (a) $\alpha = 80°$ (b) $\alpha = 160°$ (c) $\alpha = 190°$ (d) $\alpha = 190°$

70. (a) $\sin 37° = \cos 53°$
    (b) $\tan 97° = -\tan(-97°)$
    (c) $\sin 140° = \sin 40°$
    (d) $\cos 87° = -\cos 93°$
    (e) $\sec 15° = \csc 85°$
    (f) $\csc(-13°) = -\csc 13°$
    (g) $\tan 42° = \tan 222°$
    (h) $\cos 16° = -\cos 196°$

71. (a) $\sin \frac{\pi}{4} = -\cos \frac{3\pi}{4}$
    (b) $\cos \frac{\pi}{6} = \sin \frac{\pi}{3}$
    (c) $\sec \frac{3\pi}{5} = -\sec \frac{8\pi}{5}$
    (d) $\tan \frac{\pi}{3} = -\tan\left(-\frac{\pi}{3}\right)$

72. (a) 0   (b) 0   (c) 0   (d) 0

73. (a) $\sin(-60°) = -\sin(60°) = -\frac{\sqrt{3}}{2}$
    (b) $\cos(-570°) = \cos(-720° + 90° + 60°) = -\sin(60°) = -\frac{\sqrt{3}}{2}$
    (c) $\sin 810° = \sin(720° + 90°) = 1$
    (d) $\cos(-60°) = \cos(60°) = \frac{1}{2}$
    (e) $\tan(-570°) = \tan(-720° + 90° + 60°) = -\cot(60°) = -\frac{\sqrt{3}}{3}$
    (f) $\cos 810° = \cos(720° + 90°) = 0$
    (g) $\tan(-60°) = -\tan(60°) = -\sqrt{3}$
    (h) $\sin 5\pi = \sin(2 \cdot 2\pi + \pi) = \sin \pi = 0$
    (i) $\tan 810° = \tan(720° + 90°) = +\infty$
    (j) $\sin(-570°) = \sin(-720° + 90° + 60°) = \cos(60°) = \frac{1}{2}$
    (k) $\cos 5\pi = \cos(2 \cdot 2\pi + \pi) = \cos \pi = -1$
    (l) $\sin \frac{7\pi}{3} = \sin(2 \cdot 2\pi + \frac{\pi}{3}) = \sin \frac{\pi}{3} = \frac{\sqrt{3}}{2}$

74. (a) $\sin 170° = \sin 10°$
    (b) $\sin 200° = -\sin 20°$
    (c) $\sec 257° = -\csc 13°$
    (d) $\cos 285° = \sin 15°$
    (e) $\tan 115° = -\cot 25°$
    (f) $\csc 335° = -\csc 25°$

75. (a) $\cos\left(\frac{\pi}{2} + \alpha\right) = -0,31$
    (b) $\sin\left(\frac{3\pi}{2} + \alpha\right) = -0,9507$
    (c) $\sin(\pi - \alpha) = 0,31$
    (d) $\tan(-\alpha) = -0,3261$
    (e) $\tan(\pi + \alpha) = 0,3261$
    (f) $\cos\left(\frac{\pi}{2} - \alpha\right) = 0,31$

76. (a) $\sin 62° = 0,8829, \cos 62° = 0,4695, \tan 62° = 1,8806$
    (b) $\sin 152° = 0,4695, \cos 152° = -0,8829, \tan 152° = -0,5318$
    (c) $\sin -28° = -0,4695, \cos -28° = 0,8829, \tan -28° = -0,5318$
    (d) $\sin 208° = -0,4695, \cos 208° = -0,8829, \tan 208° = 0,5318$

77. (a) $\sin 105° = 0,9659, \cos 105° = -0,2588, \tan 105° = -3,7321$
    (b) $\sin 285° = -0,9659, \cos 285° = 0,2588, \tan 285° = -3,7321$
    (c) $\sin 165° = 0,2588, \cos 165° = -0,9659, \tan 165° = -0,2679$
    (d) $\sin 195° = -0,2588, \cos 195° = -0,9659, \tan 195° = 0,2679$
    (e) $\sin 15° = 0,2588, \cos 15° = 0,9659, \tan 15° = 0,2679$
    (f) $\sin 795° = 0,9659, \cos 795° = 0,2588, \tan 795° = 3,7321$
    (g) $\sin 255° = -0,9659, \cos 255° = -0,2588, \tan 255° = 3,7321$
    (h) $\sin 345° = -0,2588, \cos 345° = 0,9659, \tan 345° = -0,2679$

78. (a) $\alpha = 157°$ (b) $\alpha = 35°$ (c) $\alpha = 145°$ (d) $\alpha = 350°$ (e) $\alpha = 130°$ (f) $\alpha = 330°$

79. (a) $\alpha = 63°$ (b) $\alpha = 6°$ (c) $\alpha = 73°$ (d) $\alpha = 55°$

80. (a) $\cos(-\alpha) = \frac{3}{5}$
    (b) $\tan(180° - \alpha) = -\frac{4}{3}$
    (c) $\sec(\pi + \alpha) = -\frac{5}{3}$
    (d) $\csc(-\alpha) = -\frac{4}{3}$
    (e) $\sin\left(\frac{\pi}{2} - \alpha\right) = \frac{3}{5}$
    (f) $\cot\left(\frac{\pi}{2} - \alpha\right) = \frac{3}{4}$

81. (a) $x = 35°$ (b) $x = 195°$ (c) $x = 108°$ (d) $x = 144°$

82. (a) $\sin 120° = \frac{\sqrt{3}}{2}$ (d) $\sin 225° = -\frac{\sqrt{2}}{2}$ (g) $\sin 300° = -\frac{\sqrt{3}}{2}$
    (b) $\cos 150° = -\frac{\sqrt{3}}{2}$ (e) $\cos 135° = -\frac{\sqrt{2}}{2}$ (h) $\cos 210° = -\frac{\sqrt{3}}{2}$
    (c) $\tan 300° = -\sqrt{3}$ (f) $\tan 1305° = 1$ (i) $\tan 150° = -\frac{\sqrt{3}}{3}$

83. (a) $x = 165°$ (b) $y = 345°$ (c) $z = 195°$

84. (a) $\sin 80° = \cos 10°, \cos 80° = \sin 10°, \tan 80° = \cot 10°$
    (b) $\sin 170° = \sin 10°, \cos 170° = -\cos 10°, \tan 170° = -\tan 10°$
    (c) $\sin 190° = -\sin 10°, \cos 190° = -\cos 10°, \tan 190° = \tan 10°$
    (d) $\sin -10° = -\sin 10°, \cos -10° = \cos 10°, \tan -10° = -\tan 10°$
    (e) $\sin 350° = -\sin 10°, \cos 350° = \cos 10°, \tan 350° = -\tan 10°$
    (f) $\sin 280° = -\cos 10°, \cos 280° = \sin 10°, \tan 280° = -\cot 10°$

www.ingramcontent.com/pod-product-compliance
Lightning Source LLC
Chambersburg PA
CBHW041533220426
43662CB00002B/51